Christian
Sigismund
(*1946)

Antonia
(*1955)

Kira
(1943-2004)

Victoria
(*1952)

Rupert
(*1955)

Michael
(*1940)

Anastasia
(*1944)

Marie Christine
(1947-1966)

Friedrich Nicolaus
(*1946)

Wilhelm Andreas
(*1948)

Kira
(*1954)

(1907-1994)
zollern von 1951-1994
938
1909-1967)
n Rußland

Hubertus (1909-1950)
verh. I. Ehe 1941
Maria Anna Freiin von Humboldt-Dachroeden
(1916-2003, gesch. 1943)
verh. II. Ehe 1943
Magdalene Prinzessin Reuß
(1920-2009)

Friedrich (1911-1966)
verh. 1945
Lady Brigid Guiness
(1920-1995)

Alexandrine (1915-1980)

Cecilie (1917-1975)
verh. 1949
Clyde Kenneth Harris (1918-1958)

Eitel Friedrich (1883-1942)
verh. 1906
Sophie Charlotte
Herzogin von Oldenburg
(1879-1964, gesch. 1926)

Adalbert (1884-1948)
verh. 1914
Adelheid
Prinzessin von Sachsen-Meiningen
(1891-1971)

August Wilhelm (1887-1949)
verh. 1908
Alexandra Victoria
Prinzessin von Schleswig-
Holstein-Sonderburg-
Glücksburg
(1887-1957, gesch. 1920)

Oskar (1888-1958)
verh. 1914
Ina Marie
Gräfin von Bassewitz
(1888-1973)

Joachim (1890-1920)
verh. 1916
Marie Auguste
Prinzessin von Anhalt
(1898-1983)

Victoria Luise (1892-1980)
verh. 1913
Ernst August
Prinz von Hannover,
Herzog zu Braunschweig
und Lüneburg
(1887-1953)

Wilhelm II. (1859-1941)
Deutscher Kaiser und König von Preußen, reg. 1888-1918,
verh. I. Ehe 1881 Auguste Victoria (1858-1921)
Prinzessin von Schleswig-Holstein-Sonderburg-Augustenburg
verh. II. Ehe 1922 Hermine (1887-1947)
Prinzessin Reuß ä.L .,
verw. Prinzessin von Schönaich-Carolath

Kronprinzessin Cecilie

Jörg Kirschstein

Kronprinzessin Cecilie

Die Bildbiographie der letzten
deutschen Kronprinzessin

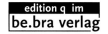

edition q im
be.bra verlag

Bibliografische Information der Deutschen Nationalbibliothek
Die Deutsche Nationalbibliothek verzeichnet diese Publikation
in der Deutschen Nationalbibliografie; detaillierte bibliografische Daten
sind im Internet über http://dnb.d-nb.de abrufbar.

2., aktualisierte Auflage
© edition q im be.bra verlag GmbH
Berlin-Brandenburg, 2012
KulturBrauerei Haus 2
Schönhauser Allee 37, 10435 Berlin
post@bebraverlag.de
Lektorat: Bernhard Thieme, Berlin
Umschlaggestaltung: typegerecht berlin (nach einem Entwurf von Valeriy Ivankov)
Satz: typegerecht berlin
Schrift: Bemtus 12,5/16,5pt
Druck und Bindung: LEO Paper Products Ltd.
ISBN 978-3-86124-666-4

www.bebraverlag.de

Inhalt

Kronprinzessin Cecilie in der Fotografie

Als am 6. Juni 1905 Herzogin Cecilie zu Mecklenburg den preußischen Thronfolger Wilhelm heiratete, war dies in Deutschland das herausragende gesellschaftliche Ereignis des noch jungen Jahrhunderts. Die Eleganz und Intelligenz der jungen Kronprinzessin, ihre Attraktivität und natürliche Ausstrahlung machten sie schnell im ganzen Land beliebt. Ihrem wechselvollen Leben widmet sich dieser Bildband.

Unzählige Fotografien der Kronprinzessin, zum Teil bisher noch unveröffentlicht, haben sich in staatlichen Archiven und privaten Sammlungen erhalten. Beim Sichten und Zusammentragen des Fotomaterials stellte sich heraus, dass die Kindheit und Jugend Cecilies nur lückenhaft fotografisch festgehalten worden ist. Das liegt zum einen daran, dass die fotografische Entwicklung im letzten Drittel des 19. Jahrhunderts noch am Anfang stand. Zum anderen muss berücksichtigt werden, dass die jüngste Tochter eines deutschen Landesfürsten

zunächst kein bevorzugtes Fotomotiv darstellte. Dies änderte sich schlagartig, als sich die 17-jährige Herzogin Cecilie zu Mecklenburg im September 1904 mit Kronprinz Wilhelm von Preußen verlobte. Sofort eilten Hoffotografen zum abgelegenen mecklenburgischen Jagdschloss Gelbensande, dem Verlobungsort, um die ersten Aufnahmen des Kaisersohnes und seiner Braut anzufertigen. Noch nie zuvor hatte eine Fürstenverlobung solch ein enormes Medieninteresse hervorgerufen. Zahlreiche Kunstverlage nutzten das Ereignis, um in einer hohen Auflage Tausende von Postkarten von dem jungen Paar anzufertigen. Ansichtskarten mit dem Bildnis der künftigen Kronprinzessin wurden zum Verkaufsschlager.

Mittlerweile war die technische Entwicklung der Fotografie so weit fortgeschritten, dass es innerhalb kürzester Zeit möglich war, hohe Auflagen von verschiedenen Motiven herzustellen. Durch ihren geringen Preis war die Postkarte für Jedermann erschwinglich. Der

Versand der Ansichtskarte brachte Cecilies Bild bis in die entlegensten Orte des Reiches. Der kaiserliche Hof sah in dem neuen Medium Möglichkeiten einer wirksamen Eigenwerbung. Deshalb begleiteten Hoffotografen die zahlreichen Mitglieder des Hauses Hohenzollern immer häufiger bei ihren öffentlichen Auftritten. Die Nachfrage nach aktuellen Motiven blieb bis 1918 ungebrochen.

Zwei Fotoateliers überzeugten das Kronprinzenpaar durch die hohe Qualität ihrer Arbeit besonders. Das war zum einen das in Berlin[1] und Hamburg ansässige Atelier von Emil Bieber, zum anderen das des Potsdamers Wilhelm Niederastroth. Beide galten seit der fürstlichen Hochzeit im Jahre 1905 als die bevorzugten Hoffotografen des Kronprinzenpaares und begleiteten den Kaisersohn und seine Gemahlin bei ihren öffentlichen Auftritten und privaten Familienfeiern.

Ein Bruch tritt erst mit dem Ende der Monarchie ein. Die Hohenzollernfamilie war durch die Entbehrungen der Jahre 1914 bis 1918 und den verlorenen Krieg am Tiefpunkt ihrer Popularität angelangt. Nach der Revolution bestand zunächst kein Bedarf mehr an Porträtaufnahmen von Mitgliedern des vormaligen Kaiserhauses.

Ein kurzzeitiges Wiederaufleben der Hoffotografie trat mit dem Tode der im Volke beliebten Kaiserin Auguste Victoria im April 1921 ein. Die Beisetzung der früheren Kaiserin im Potsdamer Antikentempel wurde medienwirksam in Szene gesetzt. Zahlreiche Presseagenturen und viele ehemalige Hoffotografen berichteten ausführlich über die Trauerfeier. Das zweite Ereignis, das die Hohenzollern wieder in das öffentliche Bewusstsein zurückrief, war die Heimkehr des Kronprinzen aus dem niederländischen Exil im Jahre 1923. Unmittelbar nach seiner Ankunft waren Fotografen ins schlesische Oels gereist, um die ersten Aufnahmen des früheren Thronfolgers, seiner Gemahlin und der sechs Kinder anzufertigen.

Die Ateliers Bieber und Niederastroth haben bis Anfang der Dreißigerjahre für das Kronprinzenpaar gearbeitet. Im September 1932 wurde Bieber ins Schloss Cecilienhof gebeten, um für ein Fotobuch[2] aktuelle Aufnahmen anzufertigen. In einer weiteren Sitzung im Dezember desselben Jahres entstanden die letzten, allerdings unveröffentlichten Porträts der Kronprinzessin.

Mit der Machtübernahme der Nationalsozialisten endete die erfolgreiche Arbeit des Ateliers Bieber. Das jüdische Unternehmen war immer stärker werdenden antisemitischen Angriffen ausgesetzt, sodass schließlich die Zwangslöschung aus dem Handelsregister bevorstand. 1938 gelang den Eigentümern die Emigration nach Südafrika.[3] Es ist als großer Glücksumstand zu bezeichnen, dass sich der Nachlass des Ateliers Bieber bis heute erhalten hat. Er umfasst insgesamt 35.000 Fotoplatten. 550 Glasplatten gelangten nach dem Zweiten Weltkrieg ins Bildarchiv Preußischer Kulturbesitz nach Berlin, 150 der fragilen Fotodokumente zeigen das Kronprinzenpaar und seine beiden ältesten Söhne. Ein Großteil dieser Aufnahmen wurde zwischen 1905 und 1918 als Fotopostkarten bereits veröffentlicht. Der vorliegende Bildband bietet zum ersten Mal die Gelegenheit, die bisher im Archiv aufbewahrten unveröffentlichten Aufnahmen vom Dezember 1932 zu präsentieren.

Auch für Niederastroth, der im gleichen Jahr einige Aufnahmen der Innenräume des Schlosses anfertigte, endete mit diesem Auftrag seine fotografische Arbeit für das Haus Hohenzollern. Sein Schicksal nach 1933 ist ungeklärt, das frühere Atelier lag in der Potsdamer Schwertfegerstraße 14 und ist vermutlich bei dem schweren Luftangriff auf die Potsdamer Innenstadt am 14. April 1945 zerstört worden.

Nach dem Machtantritt der Nationalsozialisten und dem Berufsverbot für beide Ateliers musste sich das Kronprinzenpaar nach anderen Fotografen umsehen. An erster Stelle ist der ehemalige Kasseler Hoffotograf Franz Langhammer[4] zu nennen. Er hat in den Jahren 1933 und 1934 von allen Kaiserkindern und ihren Familien Porträtaufnahmen angefertigt, es war dies die erste umfassende fotografische Dokumentation seit dem Jahre 1918.[5] Darunter befindet sich auch eine besonders mondäne Aufnahme der Kronprinzessin, die sie auf einem Stuhl sitzend, in einem Abendkleid mit locker um die Schulter gelegten Pelzmantel zeigt. Die Arbeit von Langhammer wurde bald abgelöst

durch das Engagement der Potsdamer Fotografin Ursula Blau.[6] Sie war mit der jüngeren Generation des Hauses Hohenzollern befreundet und hatte Zugang zur kronprinzlichen Familie. Blau erhielt im September 1936 ihren ersten größeren Auftrag. Die Kronprinzessin hatte sie gebeten, die offiziellen Aufnahmen anlässlich ihres 50. Geburtstages anzufertigen. Als im Mai 1938 die Vermählung des Prinzen Louis Ferdinand mit der russischen Großfürstin Kira in Potsdam gefeiert wurde, war es wiederum Ursula Blau vorbehalten, die Hochzeitsfotos aufzunehmen.

Ein Erlass der Nationalsozialisten vom Frühjahr 1939 verbot den Verkauf von Postkarten mit fürstlichen Bildnissen. Zugleich mussten sämtliche Porträts der früheren Herrscherfamilie aus öffentlichen Gebäuden entfernt werden. Die Nationalsozialisten wollten mit dieser Bestimmung ihren alleinigen Machtanspruch in aller Deutlichkeit unterstreichen. Damit war die Tradition der hohenzollernschen Porträtfotografie endgültig besiegelt.

Nach dem Zweiten Weltkrieg waren die meisten Ateliers zerstört, ihre Archive vernichtet. Das letzte offizielle Porträt der Kronprinzessin entstand im Jahre 1952. Der Hechinger Fotograf Keidel-Daiker fertigte zwei Aufnahmen an, die nach starker fotografischer Retusche als Postkarte veröffentlicht worden sind.

Der letzte Fotograf der Kronprinzessin war der junge Erwin Seeger aus Ebingen (Württemberg). Das Haus Hohenzollern war auf seine

Presseagentur aufmerksam geworden, nachdem Seeger einen Fotobericht von der Trauerfeier des verstorbenen Kronprinzen im Juli 1951 in einer Illustrierten veröffentlicht hatte.[7] Ungewollt löste er damit enormes Interesse am Schicksal der fast vergessenen Kronprinzessin aus.

Seeger besuchte die alternde Cecilie einige Male in ihrem neuen Haus auf dem Stuttgarter Frauenkopf. Seine fotografischen Aufnahmen sind die letzten öffentlichen Dokumente einer Frau, die mit ihrer Person die großen politischen Umbrüche in der ersten Hälfte des 20. Jahrhunderts verkörperte.

1886–1918:
Cecilie – eine Mecklenburger Fürstentochter wird Deutschlands Kronprinzessin

Als die Rote Armee in den letzten Januartagen des Jahres 1945 bei Küstrin die Oder überschritt, sah sich Kronprinzessin Cecilie gezwungen, ihr Potsdamer Heim, das im englischen Landhausstil errichtete Schloss Cecilienhof, Richtung Westen zu verlassen. Im Chaos der letzten Kriegstage hatte sie ihr Chauffeur mit dem Auto nach Berlin gefahren, am Anhalter Bahnhof bestieg die einstige Kronprinzessin einen überfüllten Flüchtlingszug. Die Reise nach Bad Kissingen ging einer ungewissen Zukunft entgegen, da der ausgedehnte Land- und Immobilienbesitz des Hauses Preußen ausschließlich östlich der Elbe lag.

Vierzig Jahre zuvor, an einem heißen Junitag des Jahres 1905, war Cecilie in Berlin als Braut des deutschen Kronprinzen ein begeisterter Empfang bereitet worden. Zehntausende von Menschen waren in die festlich geschmückte Hauptstadt des Kaiserreiches geströmt, um den Einzug der Braut des Kronprinzen miterleben zu können.

Cecilie, am 20. September 1886 als jüngstes Kind des Großherzogs Friedrich Franz III. von Mecklenburg-Schwerin und seiner Gemahlin Großfürstin Anastasia Michailowna von Russland im Schweriner Schloss geboren,[1] erhielt zur Erinnerung an ihre Großmutter mütterlicherseits, einer badischen Prinzessin, den Namen Cecilie. Das großherzogliche Paar hatte bereits eine Tochter, Alexandrine, sowie den Thronerben Friedrich Franz (IV.).

Cecilies Erziehung war streng, doch legte man im Hause Mecklenburg Wert auf eine möglichst vielseitige Bildung. Großherzogin Anastasia achtete auf eine sorgfältige sprachliche und kulturelle Ausbildung ihrer Kinder. Cecilie lernte mehrere Fremdsprachen, unter anderem Englisch, Französisch und Russisch. Mit ihrer kunstinteressierten Mutter unternahm sie zahlreiche Reisen und lernte schon früh viele Länder Europas kennen.

Die ersten Jahre ihrer Kindheit und Jugend verlebte Cecilie in ihrer mecklenburgischen

Großherzogin Anastasia mit ihrer Tochter Cecilie, 1898.

Jagdschloss in der wald- und seenreichen Umgebung von Gelbensande, nur wenige Kilometer von der Ostsee entfernt. Bereits in seiner Jugend hatte der Großherzog den Gelbensander Forst als Leibrevier zugewiesen bekommen. Unmittelbar nach seiner Regierungsübernahme ließ Friedrich Franz III. hier ein großzügiges Jagdschloss errichten. Mit der Bauausführung beauftragte er den Architekten Johann Gotthilf Möckel. Großfürst Michael Nikolajewitsch, der Vater der Großherzogin Anastasia, beteiligte sich an der Finanzierung. In Anlehnung an russische Schlösser und Bojarenhäuser erhielt der anfänglich schlicht konzipierte Bau zwischen 1885 bis 1887 eine hölzerne Überdachung des Eingangs. Der Zarenadler, das Wappentier der Romanows, fand als Zierelement häufig Verwendung.[2] Cecilie war mit diesem Anwesen so tief verbunden, dass Gelbensande für sie auch nach ihrer Hochzeit ein wichtiger Rückzugsort blieb.

Die chronische Asthmaerkrankung des Großherzogs erlaubte ihm nicht, die Wintermonate im nasskalten Klima der mecklenburgischen Heimat zu verbringen. In Cannes an der französischen Riviera begannen bald nach Cecilies Geburt die Bauarbeiten für ein prächtiges Landhaus im italienischen Stil. 1889 konnte das Anwesen bezogen werden. Friedrich Franz III. gab seiner neuen Winterresidenz den Namen „Villa Wenden". Das großherzogliche Paar führte im Süden Frankreichs ein zurückgezogenes Leben. Ungestört konnte es hier

Heimat, vor allem in Schwerin, Ludwigslust und Gelbensande. Das Schweriner Schloss war über Jahrhunderte Stammsitz und Hauptresidenz des Hauses Mecklenburg-Schwerin. Einen Großteil des Jahres bewohnte die großherzogliche Familie allerdings ein idyllisches

sportlichen Ambitionen nachgehen. Während der Großherzog ein begeisterter Segelsportler war, spielte die Großherzogin leidenschaftlich gern Tennis. Die Côte d'Azur war seit Mitte des 19. Jahrhunderts ein bevorzugter Aufenthaltsort der internationalen Hocharistokratie. Cecilie lernte hier zahlreiche Mitglieder der europäischen Königshäuser kennen. Neben ihrer eigenen, weitverzweigten russischen Verwandtschaft begegnete sie der Kaiserin Eugénie, der Witwe des französischen Kaisers Napoleon III. Häufig traf sie den späteren englischen König Eduard VII., ältester Sohn von Queen Victoria, der den Aufenthalt im milden Klima Südfrankreichs besonders schätzte. Der britischen Monarchin begegnete Cecilie nur ein einziges Mal während eines Diners, das die greise Königin zu Ehren der Großherzogin Anastasia gab.[3] Während des Winteraufenthaltes 1897 in Cannes verlobte sich Cecilies Schwester Alexandrine mit dem dänischen Thronerben Christian. Kurz darauf starb Großherzog Friedrich Franz III. im Alter von nur 46 Jahren an den Folgen eines Sturzes über die Terrassenbrüstung seiner Villa.[4] Der Leichnam wurde nach Mecklenburg überführt, wo er im Helenen-Pawlownen-Mausoleum von Ludwigslust seine letzte Ruhestätte fand. Zum ersten Mal verlebte Cecilie die Sommermonate nicht in der Residenzstadt Schwerin. Während Prinzessin Alexandrine und ihre Mutter sich nach Dänemark begaben, reiste Cecilie gemeinsam mit ihrer englischen Erzieherin Miss

Lucie King nach Gelbensande. Die Hochzeit ihrer Schwester erfolgte erst nach Ablauf des Trauerjahres im April 1898 in der deutschen Kirche von Cannes.

Mit dem Tod des Großherzogs schien Anastasia die Bindung zu Mecklenburg verloren zu haben. Die geborene russische Großfürstin hatte das Land, in dem sie nun seit fast zwei Jahrzehnten lebte, nie wirklich als Heimat empfunden. Der Lebensabschnitt „Mecklenburg" schien für sie abgeschlossen zu sein. Von nun an verbrachte sie mit ihren beiden Kindern die Sommermonate in Russland. Die Familienbande zu den Romanows, die nie abgerissen waren, wurden wieder intensiver. Cecilie wohnte in der „Villa Michaelowskoe", dem Besitz ihres Großvaters. Das im italienischen Stil erbaute, geräumige Landhaus lag idyllisch am finnischen Meerbusen, zwischen Strelna und Peterhof. Bis zum Jahre 1904 verbrachte Cecilie mehrere Monate des Jahres in Russland. Erst ihre bevorstehende Hochzeit beendete die sorglosen Ferienaufenthalte für immer.

Während der Hochzeitsfeierlichkeiten ihres Bruders im Juni 1904 lernte Cecilie ihren späteren Ehemann kennen. Kaiser Wilhelm II. hatte seinen ältesten Sohn nach Schwerin entsandt, um dem Brautpaar das kaiserliche Hochzeitsgeschenk, ein wertvolles Service aus Berliner Porzellan, zu überreichen. Hier begegnete der Kronprinz der 17-jährigen Herzogin Cecilie zum ersten Mal. Mit ihrer für eine Frau ungewöhnlichen Körpergröße von 182 cm war

Cecilie genauso groß gewachsen wie der Kronprinz.[5] Wilhelm war sofort überwältigt von ihrer Schönheit, dem tiefschwarzen Haar, den eindrucksvollen dunklen Augen, ihrer makellosen Haut und der schlanken Figur. Am 4. September 1904 feierten Cecilie und Wilhelm offiziell Verlobung im Jagdschloss Gelbensande.

Tatsächlich hatte sich das Paar bereits einen Tag zuvor im großherzoglichen Teehaus, das direkt an der Ostsee zwischen Graal und Müritz lag, die Ehe versprochen. Auf ausdrücklichen Wunsch Kaiser Wilhelms II. sollte als offizieller Ort der Verlobung jedoch das großherzogliche Jagdschloss genannt werden.[6] Der Kaiser hielt ein schlichtes Holzhaus als Verlobungsort für seinen ältesten Sohn und Thronerben für wenig angemessen.

Am folgenden Tag, dem 5. September, erschienen zahlreiche Hoffotografen, um erste Porträts vom zukünftigen deutschen Kronprinzenpaar anzufertigen. Die Fotografien zeigten das Brautpaar meist vor dem Jagdschloss und im Arbeitszimmer des verstorbenen Großherzogs.

Verlobung mit Kronprinz Wilhelm von Preußen in Gelbensande, 1904.

Die Vermählung des Kronprinzen war das herausragende gesellschaftliche Ereignis des Jahres 1905 in Deutschland. Die deutsche und internationale Presse überschlug sich in ihrer Berichterstattung.

Nachdem die junge Herzogin mit einem Sonderzug aus ihrer mecklenburgischen Heimat in Berlin eingetroffen war, wurde sie am Lehrter Bahnhof enthusiastisch empfangen. Die gesamte Halle war prächtig ausgeschmückt, der Bahnsteig mit dunkelroten Rosenblüten ausgelegt worden, so dass Cecilie auf einem Blütenteppich zur Galakutsche schreiten konnte, die bereits am Bahnhof bereitstand. Nach einem kurzen Empfang durch den Gouverneur von Berlin und Beamte des kaiserlichen Hofes fuhr die Braut zum Schloss Bellevue. Hier wurde sie von Wilhelm II. und der preußischen Familie begrüßt. Nach einem Diner begann das aufwändige Ankleiden der Braut. Am Nachmittag bestieg Cecilie die prächtige Staatskarosse des preußischen Hofes.[7] Unter dem Läuten der Kirchenglocken bewegte sich der Festzug zum Pariser Platz. Als die von acht Rappen gezogene Galakutsche die mittlere Durchfahrt des Branden-

14

burger Tores passierte, wurde im Tiergarten ein Ehrensalut abgefeuert. Die Karosse hielt einen Augenblick auf dem Pariser Platz, wo der Oberbürgermeister von Berlin, Martin Kirschner, die Fürstentochter in der Reichshauptstadt begrüßte und an den Einzug ihrer berühmten Ahnin, der Königin Luise, im Jahr 1793 erinnerte.[8] Unüberschaubar war die Menschenmenge, die beide Seiten der Prachtstraße Unter den Linden säumte. Auf zusätzlich errichteten Tribünen standen dicht gedrängt die Schaulustigen, die immer wieder in stürmische Hochrufe ausbrachen. Alle historischen Gebäude entlang des Boulevards bis zum Berliner Schloss waren mit Girlanden und Rosen geschmückt. Als die Brautkarosse in den Schlosshof einbog, ließ der Kronprinz seine Kompanie präsentieren und erstattete seinem Vater Meldung. Kaiser Wilhelm II. empfing die Braut und begleitete sie in den Rittersaal, wo bereits die fürstlichen Gäste warteten.

Über fünfzig Vertreter europäischer Fürstenhäuser und des deutschen Hochadels waren zu den Vermählungsfeierlichkeiten angereist. Unter ihnen Großfürst Michael Alexandrowitsch, der Bruder des russischen Zaren Nikolaus II., der österreichisch-ungarische Thronfolger Franz Ferdinand, der schwedische Kronprinz Gustav, der griechische Kronprinz Konstantin, der dänische Kronprinz Christian sowie Vertreter der Königshäuser aus Italien, Belgien, Portugal und den Niederlanden.

Die anstrengenden Hochzeitsfeierlichkeiten erstreckten sich über vier Tage und waren angefüllt mit unzähligen Verpflichtungen und Terminen. Nach dem Einzug in die Hauptstadt verlieh Wilhelm II. der Braut den Luisen-Orden.[9] Abordnungen von Vereinen und Organisationen machten der neuen Kronprinzessin ihre Aufwartung, man besuchte Gottesdienste in der Schlosskapelle und im benachbarten Berliner Dom, der erst drei Monate zuvor eingeweiht worden war. Die Übergabe der fürstlichen Geschenke an das Brautpaar erfolgte in der Braunschweigischen Galerie des Schlosses. Juwelen, Silber und Porzellan zählten zu den kostbaren Präsenten, aber auch eine Prachtkutsche mit ungarischen Grauschimmeln als Geschenk des österreichischen Kaisers Franz Joseph I., der ein Patenonkel des Kronprinzen war. Ihr russischer Großvater schenkte Cecilie ein wertvolles Collier, bestehend aus Saphiren und Brillanten, das er in St. Petersburg arbeiten ließ.[10] Am Abend vor der Vermählung begab sich die kaiserliche Hochzeitsgesellschaft in das benachbarte königliche Opernhaus. Auf Wunsch der Braut kamen ausschließlich Stücke von Richard Wagner, ihrem bevorzugten Komponisten, zur Aufführung. So der 1. Akt aus „Lohengrin" sowie der 3. Akt der „Meistersinger" unter der Leitung von Richard Strauß.

Der 6. Juni war der eigentliche Hochzeitstag und somit der Höhepunkt der Feierlichkeiten. Am frühen Morgen dieses Tages erschien der

Kronprinz in den Gemächern seiner Braut und überreichte ihr die Morgengabe: ein kostbares, im griechischen Stil gearbeitetes Diadem.[11] Das Hochzeitskleid war aus schwerem Silberbrokatstoff gearbeitet, der Brustbereich der Robe mit Rosenornamenten bestickt. Die an der Taille der Braut befestigte Brautschleppe war ein Geschenk ihres Großvaters. Auf besonderen Wunsch der Brautmutter hatten die Hofschneider die vier Meter lange Schleppe mit Myrten- und Orangenzweigen bestickt. Zwanzig Schneiderinnen benötigten fünf Monate, um die 10.000 Mark teure Schleppe fertig zu stellen.[12] Die kirchliche Trauung in der Kapelle des Berliner Schlosses nahm Oberhofprediger Ernst von Dryander vor. Im Augenblick des Ringwechsels donnerten im Lustgarten sechsunddreißig Salutschüsse in den Berliner Abendhimmel. Unzählige Menschen hatten sich vor dem Schloss versammelt, um an diesem gesellschaftlichen Ereignis teilzunehmen. Die Bevölkerung war in Hochstimmung. Im Anschluss an die Trauung nahm das Kronprinzenpaar die Glückwünsche der 1.700 fürstlichen Gäste entgegen. Nach der Hochzeitstafel verließ das junge Paar Berlin und begab sich zu den Flitterwochen in das nahe gelegene Jagdschloss Hubertusstock nördlich von Berlin.

Mit ihrer Eheschließung fand Cecilie Aufnahme in eine der mächtigsten Dynastien Europas. In der preußischen Hofrangordnung nahm sie als Kronprinzessin hinter dem Kaiserpaar und ihrem Gemahl einen der führenden Ränge ein. Sie trug den offiziellen Titel „Kronprinzessin des Deutschen Reiches und von Preußen", als Gemahlin des Thronfolgers war sie mit der Ehrenbezeichnung „Kaiserliche Hoheit" anzusprechen.

Das Interesse der Öffentlichkeit an der jungen Kronprinzessin war besonders in den ersten Wochen und Monaten nach der Hochzeit enorm. Jede Aktivität, jeder ihrer Schritte wurden neugierig registriert und diskutiert. Doch Cecilie meisterte die Umstellung von der Beschaulichkeit in der großherzoglichen Familie zum Leben am Kaiserhof mit Bravour. Mit großem Geschick erfüllte sie ihre öffentlichen Verpflichtungen, und durch ihren ungezwungenen, respektvollen Umgang mit der Bevölkerung wurde sie in kürzester Zeit zu einem der beliebtesten Mitglieder des Kaiserhauses. Ihre Mutter Großherzogin Anastasia hatte sie frühzeitig gelehrt, Menschen mit Achtung und Respekt zu begegnen, was sich nun als großer Vorteil erwies.

Kronprinzessin Cecilie zählte zu den elegantesten Damen der Kaiserzeit und wurde zum modischen Vorbild. Sorgfältig wählte sie ihre Garderobe aus und legte dabei sowohl Wert auf die Qualität der Stoffe als auch einfache und klassische Schnitte. Sie achtete darauf, möglichst Berliner Modesalons zu beauftragen, um das einheimische Schneiderhandwerk zu fördern. Cecilies Frisur wurde häufig kopiert. Mit Hilfe von Haarteilen ließ sie ihr tiefschwarzes Haar kunstvoll zu einer so genannten „Ballon-

Das deutsche Kronprinzenpaar im Frühjahr 1907.

frisur" aufstecken, die damals in Mode gekommen war.

Nach dem Ende der Flitterwochen zog das Kronprinzenpaar in seine künftige Sommerresidenz, das Marmorpalais in Potsdam. Jedes Jahr mit Beginn der Ballsaison im Januar zog der kronprinzliche Hof in die Hauptstadt um. Als repräsentativer Wohnsitz stand ihnen dort das Kronprinzenpalais Unter den Linden zur Verfügung.

Das Glück schien perfekt, als Cecilie bereits ein Jahr nach der Trauung, am 4. Juli 1906, von einem Sohn entbunden wurde und damit dem Land einen Erben schenkte. Die Monarchie schien weit bis ins 20. Jahrhundert hinein gesichert zu sein. Zu den Tauffeierlichkeiten für den neugeborenen Hohenzollernprinzen, der der Familientradition folgend den Namen Wilhelm erhielt, reisten gekrönte Häupter aus zahlreichen europäischen Ländern in die Potsdamer Residenzstadt.

Für die Öffentlichkeit schien das Familienleben des jungen Paares glücklich und harmonisch. Doch die Wirklichkeit sah ganz anders aus. Erste Gerüchte wurden laut, als das Kronprinzenpaar im Dezember 1906 zum Wintersport nach St. Moritz reiste. Der Kronprinz gab sich wenig Mühe, bei Schlittenpartien und Tanzveranstaltungen sein Interesse an den jungen Damen im Winterkurort zu verbergen.[13] Schon als Junggeselle war der Kronprinz für seine zahlreichen Affären bekannt. Die Hoffnung, dies würde sich nach der Eheschließung

ändern, erwies sich als falsch. Cecilie war über die außerehelichen Aktivitäten ihres Mannes sehr bald bestens informiert. Diese Demütigungen konnte sie nur schwer ertragen, doch um ihr Ansehen und das des Hauses Hohenzollern zu wahren, schwieg sie und versuchte damit zu leben.

In den Jahren bis 1917 wurden sechs Kinder geboren. Die Überwachung von deren Erziehung – die Auswahl der Ammen bis zu den Hauslehrern – wurde zu einem zentralen Punkt ihres Lebens. Hierbei legte sie größten Wert auf deutsches Personal, da sie es als altmodisch empfand, die damals üblichen englischen Kinderfrauen zu engagieren.

Das Leben der Kronprinzessin verlief in vorgezeichneten Bahnen. Vom politischen Tagesgeschehen wurde Cecilie – wie auch der Kronprinz – ausgeschlossen. Wilhelm II. duldete keine Einblicke in seinen autoritären Regierungsstil. Bedauernd schrieb Cecilie: „… von der hohen Politik wurden mein Mann und ich so gut wie völlig ferngehalten."[14] So bestand ihre Hauptaufgabe in erster Linie auch weiterhin darin, das Kaiserhaus als führende Repräsentantin in der Öffentlichkeit zu vertreten.

Unzählige Vereine und wohltätige Organisationen bemühten sich, Cecilie als Schirmherrin zu gewinnen. Nach der Geburt ihres ältesten Sohnes absolvierte sie ihren ersten öffentlichen Auftritt. Am 1. Dezember 1906 taufte sie auf der Stettiner Vulkan-Werft einen Lloyddampfer auf den Namen „Kronprinzessin Cecilie".

Dies empfand die junge Kronprinzessin, die seit ihrer Kindheit eine Leidenschaft für das Meer und die Seefahrt hegte, als besondere Freude und Ehre.

Bereits kurz nach der Eheschließung beabsichtigte das Kronprinzenpaar eine längere Auslandsreise zu unternehmen. Ende des Jahres 1910 schien der große Wunsch in Erfüllung zu gehen. Im Auswärtigen Amt in Berlin wurde bereits das Reiseprogramm ausgearbeitet. Ziel war der Orient. In erster Linie sollte es eine Bildungsfahrt werden, tatsächlich aber bestand die Reise aus Jagden, Polo, festlichen Galadiners, Paraden, Empfängen und anderen Ehrungen.[15]

Die Vorfreude auf die lange Reise war allerdings dadurch getrübt, dass Cecilie ihre drei kleinen Söhne, von denen der Jüngste gerade 14 Monate alt war, nicht mitnehmen konnte. Die Prinzen wohnten unterdessen beim Kaiserpaar im Neuen Palais. Nachdem das Thronfolgerpaar die Reise gemeinsam begonnen hatte, trennten sich ihre Wege in Ceylon, dem heutigen Sri Lanka. Während der Kronprinz weiter nach Indien reiste, fuhr die Kronprinzessin nach Ägypten. Der Kaiser war der Ansicht, dass die Strapazen einer so langen Reise die Gesundheit seiner Schwiegertochter gefährden könnten.

Die Reise war angefüllt mit faszinierenden Erlebnissen und Eindrücken. In der ägyptischen Hauptstadt besuchte Cecilie eine Reihe von Moscheen und verschiedene Basare. Es wurde befürchtet, die unerträgliche Hitze könnte die Kronprinzessin erschöpfen. Das Gegenteil war der Fall – mit großem Interesse nahm sie all die neuen Erfahrungen auf und ließ sich über Sitten und Gebräuche der Menschen genauestens unterrichten.

Tiefen Eindruck hinterließ eine mehrtägige Kreuzfahrt auf dem Nil. Auf dem Programm stand auch die Besichtigung der Königsgräber von Luxor, der Tempelruinen in Abu Simbel und der Besuch der berühmten Pyramiden von Gizeh.[16] Die Presse in Deutschland berichtete ausführlich und detailliert über die Reise des Kronprinzenpaares. Kritische Stimmen wurden laut, als in der Heimat bekannt wurde, dass die deutsche Kronprinzessin bei Empfängen und anderen Festlichkeiten ausschließlich englische Gäste geladen hatte, und während der ganzen Reise fast nur Englisch sprach.[17]

Kronprinzessin Cecilie an Bord des Lloyddampfers „Prinz Ludwig", Nordafrika, Dezember 1910.

Die Rückreise nach Potsdam wurde unterbrochen durch einen Aufenthalt auf der Insel Korfu, hier traf das Kronprinzenpaar mit dem Kaiserpaar zusammen. Wilhelm II. hatte im Jahre 1907 das Achilleion, einen im griechischen Stil erbauten Palast, aus dem Erbe der österreichischen Kaiserin Elisabeth erworben.[18] Nach einem viertägigen Aufenthalt auf der Mittelmeerinsel begab sich das Kronprinzenpaar an Bord der kaiserlichen Yacht „Hohenzollern" auf den Weg nach Italien. Im Auftrag des Kaisers überbrachten sie die Glückwünsche zum 50. Jahrestag der Proklamation Roms zur Hauptstadt Italiens. Trotz der freundlichen Aufnahme wusste Fürstin Radziwill[19] zu berichten, dass sich die Gastgeber nicht in allzu große Unkosten gestürzt hatten. „Ein Diner zu vierzig Personen im Quirinal, ein Frühstück bei der Königinmutter und ein Erscheinen in der Oper, das eine Viertelstunde dauerte, waren die einzigen Genüsse, die man ihnen bot." Wenig günstig fiel ihr Urteil über den Kronprinzen aus, der bei dem Besuch des Forum Romanum alles „ins Lächerliche gezogen und sich im Grunde eigentlich für nichts interessiert" hat. „Anders dagegen die Kronprinzessin, sie war die klügere der beiden Ehepartner. Sie zeigte sich interessiert an den Bauwerken und an der Geschichte Roms."[20]

Die letzte Station der Europareise führte nach Wien. Auf Wunsch des österreichischen Kaisers wurde die Halle des Wiener Südbahnhofs besonders reich mit Blumen geschmückt. Franz Joseph I. wollte der Kronprinzessin einen besonders herzlichen Empfang bereiten, da es ihr erster Besuch in der Donaumetropole war. Nach einem Diner in der Hofburg folgte noch am gleichen Abend eine festliche Soiree im Schloss Schönbrunn.[21] Die nächsten Tage waren angefüllt mit Besuchen, Empfängen und Besichtigungen. So legte das Kronprinzenpaar in der Kapuzinergruft an den Särgen der Kaiserin Elisabeth und des Kronprinzen Rudolf Kränze nieder. Umstritten war der Besuch beim designierten Thronfolger Franz Ferdinand und dessen Gemahlin. Sophie entstammte zwar dem böhmischen Grafengeschlecht Chotek, war jedoch nach den strengen Regeln des Spanischen Hofzeremoniells nicht ebenbürtig. Erst nach langen Verhandlungen hatte der Kaiser dieser Eheschließung zugestimmt, allerdings nur unter den schärfsten Bedingungen. Sophie sollte niemals Erzherzogin werden und durfte auch nicht den Titel Kaiserin führen. Sie war zwar die Frau des Thronfolgers, doch rangierte sie in der Familienliste an letzter Stelle. Die meisten Mitglieder des Erzhauses begegneten Sophie mit deutlich spürbarer Abneigung.[22] Cecilie ließ sich davon nicht beeindrucken. Ihr war die intelligente Herzogin überaus sympathisch. Beide Damen waren sich zwei Jahre zuvor in Potsdam zum ersten Mal begegnet. Damals weilte das österreichische Thronfolgerpaar zu einem offiziellen Besuch am deutschen Kaiserhof, bei dem Kronprinz Wilhelm zu einem Galadiner ins Marmorpalais geladen hatte.[23]

Nach fünf langen Monaten, angefüllt mit neuen Eindrücken und Erfahrungen, ging die Reise Ende März 1911 zu Ende. Obwohl man gebeten hatte, auf offizielle Begrüßungen zu verzichten, hatten sich 1.500 Menschen am Potsdamer Bahnhof versammelt. Als Willkommensgruß für das Kronprinzenpaar waren viele öffentliche aber auch private Gebäude mit preußischen und mecklenburgischen Fahnen geschmückt. Auf dem Weg zum Neuen Garten wurde das Paar von einem Heißluftballon begleitet, aus dem man zur Begrüßung Blumen streute.[24]

Doch weilten beide nur wenige Tage in Potsdam. Kaiser Wilhelm II. wünschte, dass das Kronprinzenpaar weitere große europäische Königshöfe kennenlernen sollte. Die nächste Reise führte bereits im Mai 1911 an den russischen Zarenhof nach St. Petersburg. Für die Kronprinzessin war es eine Reise in die Vergangenheit. Nach dem Tode ihres Vaters im Jahr 1897 bis zu ihrer Verlobung 1904 hatte Cecilie jeden Sommer mehrere Monate in Russland verbracht. Anlass für diesen offiziellen Besuch bot der Geburtstag des Zaren Nikolaus II. am 18. Mai. Wilhelm II. hatte das Kronprinzenpaar beauftragt, dem Zaren auf diese Weise seine Glückwünsche zu übermitteln. Durch die engen Familienbande wurde dem Kronprinzenpaar die Ehre zuteil, gemeinsam mit der Zarenfamilie im Alexander-Palast zu wohnen. Höhepunkt des Besuches war die Abnahme einer großen Militärparade durch das Kronprinzenpaar vor dem Großen Palais von Zarskoje Selo.

Im selben Jahr 1911 sollte auch endlich die seit Jahren geplante Englandreise verwirklicht werden. Zwei frühere Einladungen des britischen Königs an das Kronprinzenpaar waren aufgrund politischer Unstimmigkeiten abgesagt worden. Am Morgen des 22. Juni 1911 reisten Wilhelm und Cecilie an Bord des Kreuzers SMS „Von der Tann" nach London. Anlass für den Besuch waren die Krönungsfeierlichkeiten für König Georg V. und seine Gemahlin Mary. Während des einwöchigen Aufenthaltes wohnte das Kronprinzenpaar als Verwandte der englischen Königsfamilie – der Kronprinz war ein Cousin Georgs V. – im Buckingham Palast. Der Besuch des deutschen Kronprinzenpaares fand große Aufmerksamkeit in der englischen Presse. Die Londoner Illustrierte „The Sphere" nannte Wilhelm „unseren beliebtesten Besucher bei der Krönung".[25] Einige Zeitungen druckten auf ihrem Titelblatt das bekannte Porträt der Kronprinzessin, das der ungarische Maler Philipp Alexius von László im Jahr 1908 geschaffen hatte. Die sechsstündige Krönungszeremonie in der Westminster Abtei belastete die Kronprinzessin, die zu diesem Zeitpunkt ihrer vierten Schwangerschaft unter Übelkeit und Ohnmachtsanfällen litt. Königin Mary war besonders bemüht, dem Kronprinzenpaar einen möglichst angenehmen Aufenthalt in London zu gestalten. Sie war eine geborene Prinzessin von Teck und hielt, trotz zweier Weltkriege, bis zu ihrem Tod im Jahr 1953 stets Kontakt zur deutschen Kronprinzessin. Cecilie konnte nicht ahnen, dass dieser Aufenthalt in Großbritannien der letzte offizielle Auslandsbesuch des Kronprinzenpaares als Repräsentanten des Deutschen Reiches war.

Der Kronprinz hatte während seiner Orientreise eine Nachricht erhalten, die sein künftiges Leben nachhaltig prägen sollte. Sein Vater übertrug ihm das Kommando über das 1. Leibhusaren-Regiment. Allerdings war diese Elitetruppe nicht in Berlin oder Potsdam stationiert, sondern im westpreußischen Danzig. Cecilie war davon ausgegangen, dass ihr Mann ein Regiment übertragen bekommt, dessen Truppen in der Nähe der Hauptstadt liegen. Sie fühlte sich verletzt und empfand die Beförderung des Kronprinzen als Abschiebung in die Provinz. Dem kaiserlichen Befehl Folge leistend, zog das Kronprinzenpaar am 15. September 1911 in die festlich geschmückte Ostseestadt ein. Cecilie richtete ihr neues Heim mit den ihr vertrauten Einrichtungsgegenständen aus Potsdam und Berlin ein. Große Anstrengungen mussten jedoch vermieden werden, da sie im Dezember ihr viertes Kind erwartete. Der künftige Wohnsitz war nicht zu vergleichen mit den sonstigen Schlössern der Hohenzollern. Das geräumige Haus, das erst Ende des 19. Jahrhunderts errichtet worden war, lag an der Hauptstraße des Danziger Vorortes Langfuhr. Für die kronprinzliche Familie blieb es bis Ende 1913 der

Hauptwohnsitz. Im November 1911 musste Cecilie zur Entbindung nach Berlin zurückkehren. Wilhelm II. wünschte, dass sein Enkelkind in der Hauptstadt des Reiches geboren werde und nicht in einer westpreußischen Kleinstadt. Die Taufe des jüngsten Sohnes, der den Namen Friedrich Georg erhielt, fand einen Tag nach dem Geburtstag des Kaisers, am 28. Januar 1912, im Berliner Kronprinzenpalais Unter den Linden statt.[26] Der zweite Vorname, Georg, geht auf den britischen König zurück. Dies hatte die Kronprinzessin während ihres England-Aufenthaltes versprochen. König Georg V. übernahm die Patenschaft für den vierten Spross des Kronprinzenpaares.

Das tägliche Leben der Kronprinzessin in Danzig-Langfuhr war geprägt von tiefer Resignation. Der Kronprinz zeigte weder Interesse an seiner Gemahlin, noch an einem harmonischen Familienleben. In ihrem 1952 erschienenen Buch „Erinnerungen an den deutschen Kronprinzen" beschreibt Cecilie die Danziger Jahre jedoch als „unsere schönste Zeit".[27] In ihren Memoiren legte die Kronprinzessin größten Wert darauf, die Danziger Zeit in einem milden und versöhnlichen Licht erscheinen zu lassen. Ihre tatsächlichen Sorgen, Ängste und Probleme hat Cecilie ihrem Tagebuch anvertraut. Dieses historische Dokument hat sich erhalten und gibt Einblick in ihr wirkliches Seelenleben. Ihre Eintragungen beginnen mit der Bemerkung: „Dieses Jahr [1913] war wohl ernster, aber ich kann nicht sagen hoffnungsloser."[28] Den Kronprinzen sah Cecilie in dieser Zeit kaum. Sie flüchtete in die Natur, unternahm stundenlange Spaziergänge. Deprimiert über ihre zerrüttete Ehe schrieb sie: „Abends etwas stumpfsinnig. Es gibt Zeiten, wo man überhaupt nicht mehr weiß, was Sinn hat." Unverstanden und mit ihren Problemen allein gelassen, fragte sie: „Warum werden manche Menschen auf die Höhen des Lebens geführt, um nachher mit einem Ruck herunter fallen zu müssen."[29] Ende November reiste Cecilie nach Berlin, um an einem Empfang teilzunehmen. Ungeachtet ihrer seelischen Probleme hielt sie den äußeren Schein der glücklichen Ehefrau aufrecht und gab sich zufrieden und ausgeglichen. Sie schrieb: „... wir blieben bis 19.00 Uhr und ich glaube, ich habe meine Sache recht ordentlich gemacht. Wenn ich doch alles im Leben so leicht und gut machen könnte, wie liebenswürdig zu sein."[30]

So oft es ihr möglich war, reiste Cecilie an den dänischen Königshof. Ihre Schwester hatte nach dem Tode ihres Schwiegervaters Frederick VIII. im Mai 1912 gemeinsam mit ihrem Gemahl Christian den dänischen Königsthron bestiegen. Die Kronprinzessin konnte der sieben Jahre älteren Schwester ihre Sorgen und Ängste ausnahmslos anvertrauen und fühlte sich von ihr verstanden. Alexandrine hatte ihr Elternhaus zwar bereits 1898 verlassen, als Cecilie gerade 12 Jahre alt war. Dies allerdings tat dem lebenslang engen Verhältnis der beiden Schwestern keinen Abbruch. Ihre Reise im November 1913 trat sie wieder ohne den Kronprinzen an. Durch die häufigen Besuche am dänischen Königshof erhielt sie Einblick in das Regierungssystem. „Hier geht alles so einfach zu, leben und leben lassen. Dazu scheinen alle Leute gut und harmonisch zu sein, aber wiederum ohne Wenn und Aber." Über das kaiserliche Deutschland schrieb sie: „... wenn man sich erst einmal daran gewöhnt hat, in einem Land zu leben, wo alles auf Draht geht, dann kann man sich nicht an einen gewissen Schlendrian gewöhnen. Preußens Größe, dieser Ruf!"[31]

Bereits unmittelbar nach Bekanntgabe ihrer Verlobung hatten Politiker anerkennend geäußert, dass die künftige Kronprinzessin aus einem souveränen deutschen Fürstenhaus stammt - im Gegensatz zur Kaiserin, die aus dem Hause Schleswig-Holstein kam, das 1866 Preußen einverleibt wurde. Mit Stolz schreibt Cecilie, „... dass ich aus einem Bundesstaat komme und nicht wie die Kaiserin aus Preußen selber, gibt mir den Überblick und die Liebe vor allem zum Deutschen Reich." Daraus folgerte sie für die Zukunft: „Wilhelm Preußisch, als soliden Font, und ich Deutsch, das müsste für später doch ganz nützlich sein. Oh wie rasend interessant ist doch unsere Zeit."[32]

Aus Dänemark zurückgekehrt, erreichte Cecilie die Nachricht von der Versetzung ihres Mannes aus Danzig wieder zurück nach Berlin. „Schrecklicher Tag"[33], notiert sie in ihr Tagebuch. In den beiden letzten Jahren hatte sie das ungezwungene Leben in der Provinz schätzen gelernt, gegen das sie anfangs so entschieden aufgetreten war, und dessen Vorteile erkannt. Die ehelichen Spannungen hatten sich zum Leidwesen Cecilies nicht gebessert, im Gegenteil. Resigniert notierte sie in ihrem Tagebuch: „… wie wird 1914. Kann es das gut machen, was 1913 in die Brüche ging?"[34]

Nach der Rückkehr in die Reichshauptstadt überwachte die Kronprinzessin desinteressiert die Einrichtung der Wohnung im Kronprinzenpalais mit dem Mobiliar aus Danzig. „Keuchhusten und ungewisse Pläne für die Kinder. Sehr langweilig. Kramen und Möbel schieben"[35], lautete ihr Kommentar.

Im Mai 1914 kehrte Cecilie nach dreijähriger Abwesenheit in ihre Sommerresidenz zurück, dem Marmorpalais in Potsdam. Der Kronprinz hielt sich damals mit dem Generalstab in den Vogesen auf, so dass Cecilie abermals allein zurückblieb. „Ich war draußen außerhalb der Linie, die Potsdam abgrenzt und komme nun hier her, wie auf Besuch. Die Natur ist mir so klein, so gekünstelt, dass es mir sehr schwer werden wird mich *for good* hier wieder einzuleben." Sie bedauert, nicht ständig in der Natur leben zu können. Später, als Kaiserin, würde ihr die Zeit fehlen, sich in ihre geliebte Natur zurückzuziehen. „Oh, was würde ich gern immer draußen in der Natur, auf dem Lande leben." Über ihr Leben im Marmorpalais schreibt sie: „Ich habe mich hier im Haus noch nicht ganz wieder gefunden. Da ist der große Salon, wo ich sitze, den ich früher so unaussprechlich liebte,

der auch noch sehr wohltuend auf mich wirkt […] aber ich wandle mehr als Fremde darin." Sie fühlte sich in Potsdam „wie ein gefangener Vogel, der in seinen Wünschen von [einem] freien Himmel träumt."[36]

Die Ermordung des österreichischen Thronfolgers Franz Ferdinand und seiner Gemahlin Sophie waren der Auslöser des Ersten Weltkrieges. Das Kronprinzenpaar war während eines Aufenthaltes im Ostseebad Heiligendamm von den Ereignissen in Sarajevo überrascht worden. Sofort reiste der Kronprinz nach Berlin. Die Kronprinzessin brachte ihre Kinder nach Gelbensande und folgte ihrem Gemahl in die Hauptstadt. Nachdem Wilhelm II. am 31. Juli 1914 im Potsdamer Neuen Palais den Kriegszustand erklärt hatte, begleitete das Kronprinzenpaar den Kaiser nach Berlin, wo er am 1. August die Mobilmachung unterzeichnete.

Die ersten Tage nach Kriegsausbruch waren erfüllt von großem Jubel und begeisterten Kundgebungen der Bevölkerung. Tag und Nacht rief die vor dem Kronprinzenpalais versammelte Menschenmenge nach der Familie des Thronfolgers, die sich auf dem Balkon mit den Söhnen immer wieder der jubelnden Menge präsentierte. Mit der Mobilmachung hatte der Kronprinz den Oberbefehl über die V. Armee erhalten. Bereits drei Tage später reiste er in das Hauptquartier nach Saarbrücken. Für Cecilie begann nun eine lange Zeit der Trennung. Während des gesamten Krieges war der Kronprinz als Oberbefehlshaber an vorderster Front und konnte seine Familie nur selten sehen.

Cecilie widmete sich unterdessen der umfangreichen Arbeit auf karitativem Gebiet. Auguste Victoria übertrug ihren Schwiegertöchtern die Betreuung von verwundeten Soldaten in den Lazaretten. Durch ihre hohe Stellung als Thronfolgerin oblag Cecilie die Verantwortung einiger Militärhospitäler in Berlin. Im Schloss Oels, dem Besitz des Kronprinzenpaares in Schlesien, wurde auf Initiative der Kronprinzessin ein Lazarett eingerichtet.[37]

In den ersten Wochen nach Kriegsbeginn wusste Cecilie, dass sie wieder schwanger war. Vergeblich bat ihre Mutter, sie solle sich schonen und ihre Aufgaben in der Verwundetenbetreuung reduzieren, um die Gesundheit des ungeborenen Kindes nicht zu gefährden.[38] Im April 1915 kam eine Tochter zur Welt, und damit ging nach vier Söhnen der große Wunsch Cecilies in Erfüllung. Tragischerweise war das Mädchen nicht gesund, es kam mit einem genetischen Defekt, dem Down-Syndrom, zur Welt. Offizielle Verlautbarungen über die geistige und körperliche Behinderung des Kindes seitens des Hofes blieben aus. Doch hat Cecilie ihre Tochter der Öffentlichkeit nicht vorenthalten. Schon bald nach der Geburt wurden Postkarten mit dem Bildnis der Prinzessin in hohen Auflagen angeboten.

Mit Beginn des Krieges hatte Cecilie für sich ein neues Domizil fernab von Berlin gefunden: eine Villa am Meer im westpreußischen Zoppot. Die zurückliegenden Jahre in Danzig-Langfuhr hatten sie derartig geprägt, dass nun ihr größter Wunsch in Erfüllung gegangen war. Nachdem sie den Kaiser davon überzeugen konnte, dass sie nicht nur die verwundeten Soldaten in Berlin, sondern auch diejenigen in Westpreußen betreuen könne, hatte Wilhelm II. seine Zustimmung zur Anmietung der Villa Seehaus gegeben.[39] In den folgenden vier Kriegsjahren lebte Cecilie vor allem in den Sommermonaten hier mit ihren Kindern – zurückgezogen und abseits des Hofprotokolls.

Eng verbunden mit dem Jahr 1916 ist der Name Verdun. Der Kaiser und die Oberste Heeresleitung befahlen der V. Armee den Angriff auf diese französische Hauptfestung, der Tausende von Soldaten das Leben kosten sollte. Im August 1916 trat Erich von Falkenhayn als Chef der Obersten Heeresleitung zurück. Paul von Hindenburg wurde mit Erich Ludendorff als erstem Generalquartiermeister an seine Stelle berufen. Noch im Oktober 1916 teilte Hindenburg die Westfront in zwei Heeresgruppen ein. Die nördliche wurde Kronprinz Rupprecht von Bayern übertragen, die südliche Kronprinz Wilhelm. Im November hatte er den Oberbefehl der V. Armee abgegeben. Die V. Armee wurde in die neue Heeresgruppe „Deutscher Kronprinz" integriert, dessen Befehlshaber Wilhelm nun war.[40]

In den beiden letzten Kriegsjahren war die Versorgungslage katastrophal. In Maßen war auch der kronprinzliche Haushalt davon nicht ausgenommen. Im Sommer 1917 herrschte so großer Mangel an Lebensmitteln, dass die Kronprinzessin befürchtete, die Versorgung ihrer Kinder und Hausangestellten für die nächsten Tage nicht mehr garantieren zu können. In ihrer Not bat sie nur vier Tage vor der Entbindung ihres sechsten Kindes in einem Schreiben an den Generalfeldmarschall August von Mackensen „um einen gewissen Vorrat Weizenmehl für mich und die Kinder." Im Mai 1918 musste sich die Kronprinzessin nochmals telegrafisch bei ihm melden. Sie bat erneut um eine „baldige weitere Sendung, da große Ebbe"

eingetreten sei, worauf ihr Mackensen einige „Esskisten" zusandte.[41]

Im März 1917 erreichte Cecilie die Nachricht vom Ausbruch der Februarrevolution in Russland und der Absetzung des Zaren. Das Schicksal der russischen Herrscherfamilie blieb hingegen unbekannt. Erst ein späterer Besuch der griechischen Königin Olga[42] im Berliner Kronprinzenpalais brachte Klarheit. So musste Cecilie erfahren, dass von ihrer näheren Verwandtschaft drei Brüder ihrer Mutter, die Großfürsten Sergej, Michael und Georgi Michailowitsch, in den Revolutionstagen erschossen worden waren.[43]

Großherzog Friedrich Franz III. von Mecklenburg-Schwerin, um 1896.
Im Alter von 32 Jahren übernimmt Friedrich Franz III. 1883 die Regierungsgeschäfte in Mecklenburg-Schwerin. Der Großherzog lebt wegen eines Asthmaleidens viele Monate im Jahr in der Villa Wenden in Südfrankreich. 1897 stürzt er mit seinem Rollstuhl von der Terrassenbrüstung seiner Villa so schwer, dass er daran in Cannes stirbt. Cecilie ist damals zehn Jahre alt.

Großfürstin Anastasia von Russland, um 1880.
Als einzige Tochter des Großfürsten Michael Nikolajewitsch wird Anastasia 1860 in Peterhof geboren. Ihre Kindheit und Jugend verbringt sie mit ihren sechs Brüdern im Kaukasus, da ihr Vater Gouverneur dieser Bergregion ist. Im Alter von 19 Jahren heiratet sie den mecklenburgischen Erbprinzen Friedrich Franz. An ihr Leben im „nordischen" Klima Mecklenburgs hat sich Anastasia nie gewöhnen können.

Herzogin Cecilie zu Mecklenburg, 1892.
Cecilie wird am 20. September 1886 im Schweriner Schloss als drittes Kind des Erbgroßherzogs Friedrich Franz geboren. Sie erhält den Namen ihrer Großmutter mütterlicherseits, der Großherzogin Caecilie von Baden. Die Herzogin wächst in Schwerin, Ludwigslust und Gelbensande auf. In den Wintermonaten lebt sie mit ihrer Familie an der französischen Riviera in Cannes.

Die Witwe Großherzogin Anastasia mit ihren Kindern, 1898.

Gemeinsam mit ihrer Mutter lebt Cecilie nach dem Tod des Vaters in den Wintermonaten in Russland. Der Verlust des Großherzogs trifft die Zehnjährige hart, da sie zu ihrer exzentrischen Mutter kein inniges Verhältnis hat. Der noch minderjährige Sohn der Großherzogin Anastasia kann erst mit Vollendung seines 21. Lebensjahres im Jahr 1901 die Regierung im Großherzogtum Mecklenburg-Schwerin übernehmen. Bis zu diesem Zeitpunkt führt sein Onkel Johann Albrecht die Regierungsgeschäfte. Cecilies ältere Schwester Alexandrine (2. v. l.) ist die Braut des künftigen dänischen Königs Christian X.

Mit den Geschwistern. Ludwigslust, Herbst 1904.

Nach der Verlobung des deutschen Kronprinzen Wilhelm mit der mecklenburgischen Herzogin Cecilie (r.) treffen sich die Geschwister der Braut im Schloss Ludwigslust. Alexandrine (l.) ist seit sechs Jahren mit dem dänischen Kronprinzen Christian verheiratet und Mutter zweier Söhne. Friedrich Franz IV. hat erst im Sommer 1904 die hannoversche Prinzessin Alexandra geheiratet.

Jagdschloss Gelbensande.
Nur wenige Kilometer von der Ostsee entfernt liegt der kleine Ort Gel-
bensande. Cecilies Vater, Großherzog Friedrich Franz III., hat das Jagd-
schloss in den Jahren 1885 bis 1887 nach Plänen des Architekten Johann
Gotthilf Möckel errichten lassen. Es dient der großherzoglichen Familie
bis 1944 als Wohnsitz.

„Das hohe Brautpaar" im Jagdschloss Gelbensande, 5. September 1904.
Nach Bekanntgabe der Verlobung eilen zahlreiche Fotografen nach Gel-
bensande, um die ersten Fotografien des künftigen Kronprinzenpaares auf-
zunehmen. Die groß gewachsene Cecilie dominiert diese Aufnahme völ-
lig. Der Kaisersohn versucht sich besonders lässig zu geben, wirkt aber
eher gehemmt.

Kronprinz Wilhelm mit seiner Braut, Oktober 1904. Nur vier Wochen nach ihrer Verlobung entstehen im Atelier von Emil Bieber die ersten offiziellen Fotografien des künftigen Kronprinzenpaares. Die Aufnahme ist als Postkarte veröffentlicht worden, um der Bevölkerung die Braut des Kronprinzen vorzustellen.

Einzug in Potsdam. Alter Markt, 20. Juni 1905.
Bürgermeister Richard Jaehne begrüßt das Kronprinzenpaar
im Namen der Einwohner Potsdams. Anschließend geht die
Fahrt weiter in den Neuen Garten. Das am Heiligen See
gelegene Marmorpalais dient dem jungen Paar, das erst vier-
zehn Tage zuvor in Berlin geheiratet und die anschließen-
den Flitterwochen im Jagdschloss Hubertusstock verbracht
hat, als neue Sommerresidenz.

Kronprinzenpalais Unter den Linden, 3. Juni 1905.
Festlich geschmückt ist das Kronprinzenpalais an der Stra-
ße Unter den Linden. Das prächtige Gebäude war bis 1901
der Berliner Wohnsitz der Kaiserin Friedrich. Jetzt wird es
die künftige Winterresidenz des Kronprinzenpaares.

Begrüßung am Pariser Platz, 3. Juni 1905. Ungeduldig warten Zehntausende auf das Erscheinen der Brautkarosse am Pariser Platz, unter ihnen der Berliner Oberbürgermeister Martin Kirschner. Hundert Ehrenjungfrauen tragen als schmückendes Accessoire eine Rosengirlande, denn der Festtag steht unter dem Motto „Berlin streut der Kronprinzenbraut Rosen".

Ankunft am Pariser Platz, 3. Juni 1905. Die königliche Karosse mit der Braut hat soeben das Brandenburger Tor passiert. Im Tiergarten wird zur Begrüßung der Herzogin ein Ehrensalut abgefeuert. Unter dem Läuten aller Kirchenglocken Berlins bewegt sich der festliche Zug weiter in Richtung Berliner Schloss.

Blick in die Galakutsche, 3. Juni 1905.
Mit ihrem tiefschwarzen Haar ist die Braut gut zu erkennen.
Neben ihr hat die Kaiserin Platz genommen, ihnen gegenüber
sitzt Oberhofmeisterin Freifrau Rose von Tiele-Winkler, die
dem Hofstaat der künftigen Kronprinzessin vorstehen wird.

Zur Jagd in Bayern. Bad Kreuth, 20. Oktober 1906.
Herzog Karl Theodor in Bayern hat das Kronprinzenpaar zur
Jagd nach Bad Kreuth eingeladen. Der Bruder der Kaiserin
Elisabeth von Österreich ist ein Patenonkel des Kronprinzen.
Im Gegensatz zur Kronprinzessin liebt Wilhelm die Jagd.

Die Jungvermählten vor dem Potsdamer Marmorpalais, März 1906.
Diese Aufnahme gehört zu einer ganzen Serie, die der Hoffotograf Emil Bieber im Jahr 1906
vom jungen Kronprinzenpaar aufgenommen hat. Das Foto wird in einer hohen Auflage als
Postkarte veröffentlicht. Wilhelm sitzt auf der Armlehne des Stuhles, um seine groß gewachse-
ne Ehefrau auf diese Weise optisch zu überragen. Wegen der Lichtverhältnisse ist die Fotogra-
fie unter freiem Himmel aufgenommen worden. Am rechten Rande des Originalabzuges ist die
auf einen Holzrahmen gespannte Leinwand zu erkennen. Der Teppich suggeriert dem Be-
trachter, dass es sich um eine Atelieraufnahme handelt.

Taufe des Lloyddampfers „Kronprinzessin Cecilie". Vulkan-Werft Stettin, 1. Dezember 1906.
Cecilie empfindet es als besondere Wertschätzung, dass sie die Namens-geberin des größten und modernsten Passagierdampfers des Norddeut-schen Lloyd wird. Seit Kindheitstagen ist sie mit dem Meer und der Seefahrt aufs Engste verbunden. Die Schiffstaufe ist der erste öffentli-che Auftritt der Kronprinzessin nach der Geburt ihres ersten Sohnes.

An Bord des Dampfers „Alexandria", Sommer 1907.
Der seebegeisterten Kronprinzessin bereitet es größtes Vergnügen, an Bord eines Schiffes Ausflüge zu unternehmen. Die seenreiche Umge-bung Potsdams ist für Freizeitvergnügungen dieser Art geradezu ge-schaffen. Ziel ihrer Fahrten, bei denen sie von ihrer Hofdame Gräfin Walpurgis zu Dohna und ihrer Oberhofmeisterin Freifrau Rose von Tiele-Winkler (r. außen) begleitet wird, ist zumeist der Kaiser-Wil-helm-Turm im Grunewald.

Kostümfest, Berlin, 4. Februar 1907.
Das Kronprinzenpaar veranstaltet jedes Jahr in der Ballsaison ein Kostümfest. Ort
des gesellschaftlichen Ereignisses ist das Kronprinzenpalais Unter den Linden. Thema
des Jahres 1907 ist „Österreich-Ungarn", daher präsentiert sich Cecilie im Kostüm
der Kaiserin Maria Theresia.

Die Kronprinzessin mit dem Farbergé-Diadem, 1907.
Zwei Jahre nach ihrer Eheschließung ließ sich Cecilie von
Carl Langhorst porträtieren. Die kostbare Preziose war das
Hochzeitsgeschenk ihrer russischen Verwandtschaft.

Die Kronprinzessin nach einem Gemälde von Caspar Ritter, 1908.
Cecilie trägt das so genannte Mäander-Diadem, das nach Entwürfen des Kronprinzen im Atelier der Berliner Hofjuweliere Gebrüder Friedländer gearbeitet wurde. Wilhelm hat seiner Braut die kostbare Preziose als Morgengabe am Tag ihrer Hochzeit im Berliner Schloss geschenkt. Dieses Gemälde ist die Zweitfassung eines großformatigen Bildes, das zur Ausstattung des Lloyddampfers „Kronprinzessin Cecilie" gehört.

*Kronprinzessin Cecilie von Preu-
ßen, 1908.*
*Das Porträt ist ein glänzendes Bei-
spiel der vor allem an englischen
Vorbildern des 18. Jahrhunderts
orientierten Bildniskunst, die
Philipp Alexius von László zum
gefragten Künstler der internationalen Gesellschaft werden ließ.*

Kronprinzessin Cecilie, um 1907.
Die beiden Studioaufnahmen gehören zu den wenigen frühen Fotografien von Emil Bieber, die nicht veröffentlicht worden sind.

Cecilie im Ballkleid, 1908.
Aufwändige Kleider und kostbaren Schmuck trägt die Kronprinzessin nur während der Ball-
saison in den Monaten Januar bis März. Dann residiert die kaiserliche Familie in Berlin
und gibt zahlreiche Hofbälle im Berliner Schloss. Cecilie trägt das Rubin-Kollier aus dem
Nachlass der Königin Elisabeth von Preußen. Dazu gehören die beiden am Kleid befestig-
ten Rubin-Broschen. Das prächtige Diadem ist ein Vermählungsgeschenk.

Deutschlands elegante Kronprinzessin, 1908.
Kronprinzessin Cecilie bezaubert die Öffentlichkeit durch ihre Anmut, ihre natürliche Würde und ihre viel bewunderte Schönheit. Sie wird von der Bevölkerung geschätzt und verehrt und hat innerhalb der kaiserlichen Familie ihren festen Platz gefunden. Das Jahr 1908 muss dabei als Höhepunkt ihrer Popularität angesehen werden, nicht zuletzt wegen ihrer jugendlichen und eleganten Erscheinung. In diesem Jahr entstehen auffallend viele Porträts der 22-jährigen Kronprinzessin.

Im Marmorpalais. Potsdam, August 1909.
Die Sommermonate verbringt die Kronprinzessin im Marmorpalais am
Heiligen See. An heißen Tagen bietet hier der Grottensaal angenehme Tem-
peraturen. Die Aufnahme ist wenige Wochen vor der Geburt ihres dritten
Sohnes Hubertus entstanden, daher trägt die Kronprinzessin ein weites Ta-
geskleid.

In der Uniform ihres Dragoner-Regiments,
1909.
In der unmittelbaren Umgebung des Marmorpalais entstehen eine Serie von verschiedenen Aufnahmen, die Cecilie in der Uniform des 8. Dragoner-Regiments zeigen. Die Kronprinzessin
reitet selbstverständlich im Damensattel und ist
trotz ihrer Körpergröße eine vorzügliche Reite-
rin.

Schlesisches Idyll. Jagdhaus Klein Ellguth, um 1908.
Das kleine Jagdhaus in den schlesischen Wäldern ist einer der häufigsten Aufenthaltsorte der Kronprinzessin. Das 8 km von Oels entfernt liegende Jagdhaus ist 1904 erbaut worden und gehört zum Thronlehen des Kronprinzen. Ihrem Tagebuch vertraut Cecilie an: „Wir haben so schöne Tage hier verlebt, es war so besonders friedlich, ich bin sehr dankbar dafür. Man wünschte manchen anderen dieses Paradies zu zeigen und möchte aber doch am liebsten möglichst allein drin leben."

Margaritentag. Potsdam, 31. Mai 1911.
Im Anschluss an die Frühjahrsparade findet der traditionelle Blumenkorso statt. Gemeinsam mit der Erbprinzessin Maria Christiana zu Salm-Salm nimmt die Kronprinzessin an dem karitativen Ereignis teil. In einer mit Margariten geschmückten Kutsche geht der Korso durch die Russische Kolonie Alexandrowka. Der Erlös der verkauften Blumen kommt sozialen Einrichtungen zugute.

Auf Ceylon. Dezember 1910.
Die ersten Tage auf Ceylon waren angefüllt mit faszinierenden Erlebnissen und Eindrücken. Man hat befürchtet, dass die unerträgliche Hitze die Kronprinzessin erschöpfen könnte. Das Gegenteil ist der Fall – mit großem Interesse nimmt sie all die neuen Eindrücke auf und lässt sich über Sitten und Gebräuche der Menschen genauestens unterrichten. Diese Momentaufnahme des Kronprinzen zeigt Cecilie mit einem Zebugespann.

An Bord des Lloyddampers „Prinz Ludwig".
Nordafrika, Dezember 1910.
Im November 1910 reist die Kronprinzessin über Italien und Ägypten nach Ceylon. Das Kronprinzenpaar hat die Reise gemeinsam angetreten, in Ceylon trennen sich jedoch die Wege. Während Wilhelm weiter nach Indien reist, kehrt seine Gemahlin nach Ägypten zurück. Diese Reise ist die erste große Auslandsreise der Kronprinzessin. Es ist ihr anzusehen, dass sie sich an Bord des Schiffes wohl fühlt. Mit ihrer Kamera nimmt sie die schönsten Eindrücke der aufregenden Reise für ihr privates Fotoalbum auf.

Als Repräsentantin des Kaiserhauses auf der Rennbahn.
Berlin-Karlshorst, 1. Mai 1911.
Als zweite Dame des Kaiserreiches gehört es zu Cecilies Aufgaben, zahlreiche öffentliche Termine zu absolvieren. Diese Auftritte bewältigt sie mit großem Geschick. Stets versteht sie es dabei, wie hier bei der Eröffnung der Rennbahn in Berlin-Karlshorst, die Öffentlichkeit mit ihrer Intelligenz und ihrer Ausstrahlung zu bezaubern.

Im Automobil. Gelbensande, 1912.
Großherzog Friedrich Franz IV. hat sich ans Steuer seines Wagens gesetzt, um mit seinen Schwestern und der Schwägerin Olga einen Ausflug durch den Gelbensander Forst zu unternehmen. Prinzessin Olga ist kaum zu erkennen, sie hat ihr Gesicht mit einem dünnen Tuch umspannt, um sich vor dem ungewohnt heftigen Fahrtwind zu schützen.

Auf Reisen. Januar 1912.
Innerhalb eines Jahres muss die Kronprinzessin unzählige Reisen unternehmen, um ihren zahlreichen Verpflichtungen als Mitglied der kaiserlichen Familie nachzukommen. Hier sehen wir Cecilie mit ihrem Sohn Louis Ferdinand nach der Ankunft im bayerischen Garmisch.

In der Uniform ihres Dragoner-Regiments, Postkarte.
Die martialische Form der preußischen Pickelhaube nimmt keine Rücksicht auf die üppige Frisurenmode zu Beginn des 20. Jahrhunderts.

Beim Tennisspiel. Heiligendamm, 1912.
Nur selten greift die Kronprinzessin zum Tennisschläger. Obwohl ihre Mutter eine begnadete Tennisspielerin war und zahlreiche Turniere bestritt, hat sich diese Leidenschaft nicht auf ihre Tochter übertragen.

47

In Westpreußen. Oliva, 19. Juli 1913.
Seit September 1911 lebt die kronprinzliche Familie in Danzig-Lang-
fuhr. Nur wenige Kilometer entfernt liegt das alte Ordensschloss Oliva.
Die Aufnahme der 26-jährigen Thronfolgerin entsteht anlässlich des
Todestages der Königin Luise am Rande eines Gartenfestes im Schloss-
park.

Kronprinzessin Cecilie, Mai 1913.
Die bisher unveröffentlichte Aufnahme der preu-
ßischen Thronerbin hat der Berliner Hoffotograf
Ernst Sandau aufgenommen. Das Kleid der
Kronprinzessin ist nach den Farben des Hohen-
zollernwappens gewählt: Silber-Schwarz.

Reise auf dem Lloyddampfer „Kronprinzessin Cecilie", 1913.
Der Norddeutsche Lloyd schenkt der Kronprinzessin zu ihrem 26.
Geburtstag eine Reise auf ihrem Patenschiff „Kronprinzessin Ceci-
lie". Die Fahrt dauert vom 18. bis zum 20. September 1913 und
geht von Bremerhaven um die Isle of Wight. Links neben der Kron-
prinzessin der Präsident des Norddeutschen Lloyd, Friedrich Achelis,
zwischen beiden stehend Direktor Philipp Heineken. Ganz rechts
stehend die Hofdamen Gräfin Cécile Keyserlingk (l.) und Gräfin
Gustava Grote.

Stapellauf des Lloyddampfers „Columbus". Danzig, Dezember
1913.
Das größte Schiff des Norddeutschen Lloyd wird in Anwesenheit des
Kronprinzenpaares auf der Danziger Schichau-Werft getauft. Der
noch vor 1914 begonnene Bau ruhte während des Weltkrieges, erst
1922 lief das Schiff vom Stapel.

Kronprinzessin Cecilie, 1914.
Für einige Jahre ist die Kronprin-
zessin das modische Vorbild der
deutschen Damenwelt gewesen.
Als sich jedoch die Frisuren ändern
und auf künstliche Haarteile ver-
zichtet wird, erweist sich das für
Cecilie als wenig vorteilhaft. Das
Kleid, das sie trägt, findet in ihrem
Tagebuch am 24. Februar 1914
Erwähnung. „Hofball nicht auf-
regend aber ganz nett. Ich trug
mein schönes Weiß und Silber
Kleid, was ich sehr liebe."

Die kronprinzliche Familie wieder in Berlin, März 1914.
Drei Monate nach ihrer Rückkehr aus Danzig-Langfuhr
entsteht die erste offizielle Aufnahme der kronprinzlichen
Familie. Das Atelier Bieber fertigt aktuelle Aufnahmen an,
die als Postkarte in einer hohen Auflage veröffentlicht wer-
den. Die Popularität der Familie, die während der Statio-
nierung des Kronprinzen in Westpreußen sehr zurückge-
zogen gelebt hat, soll damit gefördert werden.

Schloss Cecilienhof.
Das Schloss ist in den Jahren 1913 bis
1917 im englischen Landhausstil als
Wohnsitz für das Kronprinzenpaar
von Paul Schultze-Naumburg gebaut
worden. Im Mai 1914 vertraut Cecilie
ihrem Tagebuch an: „Ich kann mir
noch nicht vorstellen, sich in Potsdam
für ganz niederzulassen, Potsdam ist
mir so schrecklich kleinlich, was Natur
und Leben darin anbetrifft.“ Die na-
turverbundene Kronprinzessin hat
Schloss Oels in Schlesien mehr geliebt
als Potsdam.

Kronprinzessin Cecilie mit ihrer ersten Tochter Alexandrine
nach einem Pastell von Hans Schultze-Görlitz, 1915.
Im Frühjahr 1915 wird die erste Tochter der Kronprinzessin
geboren. Sie erhält zur Erinnerung an die Schwester Kaiser
Wilhelms I. den Namen Alexandrine. Das Pastell ist in der
Villa Seehaus im westpreußischen Zoppot entstanden. Das
Haus hat Cecilie im Jahr zuvor erworben, es liegt idyllisch
unmittelbar an der Ostsee. Während des Ersten Weltkrieges
lebt die Kronprinzessin hier einige Monate im Jahr mit ihren
Kindern.

Das Ende einer Ära, März 1918.
Im Frühjahr 1918 entsteht im Münchner Atelier Elvira eine
Fotografie, die Cecilie zum letzten Mal als deutsche Kron-
prinzessin zeigt.

1918 – 1933:
„Nichts von Hass und Verbitterung trübt ihren klaren Blick für die Gegenwart"

Die politische und wirtschaftliche Lage in Deutschland wurde im letzten Kriegsjahr immer hoffnungsloser. In Berlin beriet am 6. November 1918 der neue Reichskanzler Prinz Max von Baden mit Staatssekretär Wilhelm Solf über die Zukunft des Reiches. Beide waren der Ansicht, dass die Institution der Monarchie nur noch durch einen Thronverzicht des Kaisers und des Kronprinzen zu retten sei. Die Regentschaft sollte an einen jüngeren Prinzen übergeben werden, mit Prinz Max von Baden als Reichskanzler. Am frühen Nachmittag des 9. November wurde dann jedoch bekannt gegeben, dass der Reichskanzler, der die Abdankung des Kaisers sowie den Thronverzicht des Kronprinzen verkündet hatte, selber zurückgetreten war und Friedrich Ebert die Kanzlerschaft übertragen hatte. Philipp Scheidemann ließ daraufhin die Republik ausrufen.

Kronprinz Wilhelm überschritt am 12. November die niederländische Grenze, um sich nach dem verlorenen Krieg in die Sicherheit der neutralen Niederlande zu begeben. Er folgte damit seinem Vater, der sich bereits zwei Tage zuvor in das Nachbarland abgesetzt hatte. Als Aufenthaltsort wurde dem Thronfolger die im Norden des Landes liegende Insel Wieringen in der Zuiderzee zugewiesen. Zwar hatte der Kronprinz unmittelbar nach der Revolution versucht, vom belgischen Hauptquartier in Spa mit seiner Heeresgruppe nach Deutschland zurückzukehren, doch war dies vom neuen Reichskanzler Friedrich Ebert abgelehnt worden. Wilhelm wurde seiner militärischen Stellung enthoben, die neue Regierung hatte keine Verwendung für ihn.

Cecilie hatte von diesem historisch bedeutsamen Schritt ihres Mannes keine Ahnung. Die revolutionären Tage erlebte sie in Potsdam. In den Mittagsstunden des 9. November wurde im Neuen Palais bekannt, dass die Revolution ausgebrochen war. Die Kaiserin mahnte Cecilie telefonisch, sie solle aus Sicherheitsgründen mit ihren Kindern unverzüglich Schloss Cecilienhof verlassen und im Neuen Palais Schutz suchen. Dort angekommen, erklärte Auguste Victoria der Kronprinzessin: „Die Revolution ist ausgebrochen. Der Kaiser hat abgedankt. Der Krieg ist verloren."[1] Prinz Eitel Friedrich, der zweite Kaisersohn, hatte die Verantwortung für die im Land verbliebene kaiserliche Familie übernommen. Die Kronprinzessin schätzte die politische Lage realistisch ein und war bereit, mit der neuen Regierung zu verhandeln, deren Soldaten das Neue Palais abgeriegelt hatten. So konnte sie verhindern, dass es zu Auseinandersetzungen mit dem Arbeiter- und Soldatenrat kam. Am 13. November erfuhr die Kronprinzessin, dass sich ihr Gemahl ins Exil begeben hatte. Die Kaiserin fasste unterdessen den Entschluss, ihrem Mann in die Verbannung zu folgen. Auch Cecilie hatte man geraten, ins Ausland zu gehen, da bei einem Aufenthalt in Deutschland ihr Leben und das der Kinder in Gefahr sei. Sie lehnte dies jedoch entschieden ab: „Wenn sie uns umbringen wollen, können sie das hier in meinem eigenen Hause tun", hatte sie kurz vor dem Verlassen des Schlosses Cecilienhof am 9. November gesagt. Um jeden Preis wollte sie ihren Kindern das Los der Emigration ersparen. Am 14. November kehrte Cecilie mit ihren Kindern wieder zurück. Während der Fahrt bat sie, „auf Schloß Cecilienhof keine rote Fahne hissen zu lassen"[2], wie es am Vortag auf dem kronprinzlichen Schloss Oels geschehen war. Bereits vier Tage nach Ausbruch der Revolution beschlagnahmte die neue

Regierung das Vermögen der Hohenzollern. Das Privateigentum der kaiserlichen Familie blieb zunächst unangetastet, wurde aber am 30. November 1918 ebenfalls konfisziert.[3] Die Struktur der Hofverwaltungen musste von Grund auf verändert werden. Cecilie sah sich gezwungen, den Haushalt der beiden kronprinzlichen Residenzen Cecilienhof und Oels zu reduzieren. 50 % des Personals wurde entlassen, somit verloren auch die Hauslehrer der Kinder ihre Stellung. Die beiden älteren Söhne Wilhelm und Louis Ferdinand besuchten von nun an eine öffentliche Schule.

Auch der Hofstaat der Kronprinzessin musste verkleinert werden. Bisher gehörten acht Personen zu ihrem persönlichen Gefolge. In den Wintermonaten, wenn der kaiserliche Hof während der Ballsaison seine ganze Pracht entfaltete, kamen noch zwei Leibpagen hinzu, die ihren Ehrendienst für eine Saison absolvierten. Das Amt der Oberhofmeisterin und einer Hofdame wurde aufgegeben, nur Hofdame Sybilla von Tschirschky behielt ihre Stellung. Die Kronprinzessin verfügte weiterhin über einen Schatullsekretär, einen Kammerdiener und eine Zofe.

In den ersten Monaten nach der Revolution bewohnte die Kronprinzessin das beschlagnahmte Schloss Cecilienhof mit ihren sechs Kindern, von denen das jüngste gerade ein, das älteste zwölf Jahre alt war. In den Tagen des Zusammenbruchs der Monarchie hatte man die

Kronprinzessin völlig unbehelligt gelassen. Sie erfreute sich weitgehender Sympathien im deutschen Volk. Man hatte offenbar nicht vergessen, dass sie einst bei einem schweren Grubenunglück einen Teil ihrer kostbaren Juwelen verkauft hatte, um durch den Erlös die leidtragenden Familien zu unterstützen. Als ihr Ende November der größte Frauenverein Berlins, der Lyzeumsclub, eine Ergebenheitsadresse übersandte, antwortete sie: „Ich brauche kein Mitleid. Ich habe die schönste Aufgabe, die einer deutschen Frau zufallen kann, die Erziehung meiner Söhne zu guten deutschen Staatsbürgern."[4] Trotzdem geriet Cecilie in Bedrängnis, als in Potsdam das Gerücht verbreitet wurde, im Schloss Cecilienhof würden große Vorräte an Lebensmitteln lagern, die ganze Eisenbahnwaggons füllen sollten. Dabei hatte die Kronprinzessin bereits Mitte November 1918 „sämtliche überflüssigen Lebensmittelvorräte zur Verteilung an die Potsdamer Zivilbevölkerung überwiesen"[5] und gut vierzehn Tage später dem Arbeiter- und Soldatenrat noch einmal mehrere Zentner Weizenmehl und mehrere hundert Glas Honig zur Verfügung gestellt. Wegen der herrschenden Hungersnot befürchtete die Hofverwaltung Plünderungen. Anfang 1919 kam eine Abordnung des Arbeiter- und Soldentenrates ins Schloss, um sich persönlich von der Lagerung der Lebensmittel zu vergewissern. Die Kronprinzessin bat die drei Sozialdemokraten ins Schloss, um sich selbst davon zu überzeugen, dass keine weiteren Vorräte im Schloss vorhanden seien. Im Zimmer des Kammerherren nahmen die Herren ihren Tee ein, als die Kronprinzessin den Raum betrat. Ihr Kammerherr Wolf Ferdinand von Stülpnagel berichtet: „Ihre Kaiserliche Hoheit fragte, was die Herren hergeführt hätte, worauf diese mehr oder weniger verlegen die Geschichte von den Lebensmittel-Waggons erzählten, wobei sie die Kronprinzessin mit Sie anredeten und allmählich zu Kaiserliche Hoheit gelangten. Ich legte ein Verzeichnis von sämtlichen Lebensmittelvorräten vor und erläuterte die Verteilung. Dann legte ich ihnen die Liste vor und eine Ehrenerklärung, die sie unterschrieben."[6]

Durch die Abdankung des Kaisers am 28. November und den Thronverzicht des Kronprinzen am 1. Dezember 1918 endete die über 500-jährige Regierung der Hohenzollern in Brandenburg-Preußen. Der Zusammenbruch der monarchistischen Staatsform änderte das bisherige Leben der Kronprinzessin völlig. Das mit ihrer Eheschließung verbundene Lebensziel, einmal deutsche Kaiserin zu werden, war dahin. Plötzlich befand sich Cecilie auf dem Abstellgleis der Geschichte. Die einst Umjubelte musste zurückgezogen in Potsdam leben.

Sie widmete sich der Erziehung ihrer Kinder und plante ein Leben mit ihrem Gemahl, auf dessen baldige Heimkehr sie hoffte. Der Schriftsteller Rudolf Presber schildert dem Kronprinzen seine Eindrücke nach einem Besuch bei der Kronprinzessin in Potsdam: „Mit stiller Freude habe ich erfahren dürfen, mit

welch ruhiger und gefestigter Klarheit die Frau Kronprinzessin die schweren und verhängnisvollen Umwälzungen und alles was sie gebracht haben, überdenkt und betrachtet. Nichts von Haß oder Verbitterung trübt ihren klaren Blick für die Gegenwart und lähmt ihre Kraft zu klugen Entschlüssen, wie sie die Zeit fordert."[7]

Da niemand garantieren konnte, dass der Kronprinz sein Exil jemals wieder verlassen durfte, musste seine Gemahlin grundlegende Entscheidungen für das Haus Hohenzollern allein treffen. Solange die Kronprinzessin in Cecilienhof wohnte, war das Schloss als Wohnsitz unantastbar. Das galt nicht für das Thronlehn Oels. Weit entfernt von Potsdam, in Nie-

derschlesien, lag dieser zweite Wohnsitz des Kronprinzenpaares: das imposante Renaissanceschloss Oels mit einem Landbesitz von 10.000 ha. Der Besitz gehörte seit 1884 der Krone Preußens und wurde dem jeweiligen Kronprinzen per Lehnsbrief als Privatbesitz übereignet, so auch Kronprinz Wilhelm nach der Thronbesteigung seines Vaters 1888. Cecilie fürchtete, jetzt diesen Besitz zu verlieren, da nach dem Willen des Volksrates verschiedene Regierungsämter im Schloss untergebracht werden sollten. Außerdem gab es einen großen Bedarf an Wohnraum. Zudem konnte die kronprinzliche Verwaltung nicht länger für die Kosten des Unterhalts der Schlösser Cecilienhof und Oels aufkommen. Die Kronprinzessin sah sich daher gezwungen, ihren ständigen Wohnsitz von Potsdam nach Schlesien zu verlegen. Dieser Entschluss war auch der Bevölkerung von Oels nicht entgangen. Die sozialistischen Parteien verfassten daraufhin ein Protestschreiben. Mit dieser Resolution wollten über 10.000 Arbeiter den geplanten Einzug der Kronprinzessin verhindern. Dabei wurde ausdrücklich betont, dass man nichts gegen Cecilie persönlich hätte. Für die Arbeiter war der Gedanke unerträglich, dass die Kronprinzessin mit ihren vier jüngeren Kindern ein riesiges Schloss bezog, während die Wohnungsnot immer bedrohlicher wurde. In der Erklärung bezeichneten sie den Zuzug der Kronprinzessin als „Verhöhnung der Arbeitslosen" und wiesen besonders darauf hin, dass „gerade auf den kronprinzlichen Gütern nicht das geringste an der Instandsetzung und Verbesserung der geradezu entsetzlichen Arbeiterwohnungen getan worden ist, während im Gegensatz für die Kronprinzessin und ihren Hofstaat Millionen verpulvert werden."[8] Schließlich konnte durch den Kastellan dargelegt werden, dass das Schloss sich nicht eigne, um hier Arbeiterwohnungen einzurichten. Der sozialdemokratische Parteivorsitzende Rohnstock war der Ansicht, „daß die Frau Kronprinzessin in Oels nichts zu befürchten habe."[9] Als erste Verhandlungen zur Regelung des Vermögens der Hohenzollern mit dem preußischen Staat im November 1920 scheiterten, sah sich Cecilie veranlasst, ihre Koffer zu packen, das Potsdamer Domizil aufzugeben und nach Oels zu ziehen.

Sechs Monate später gab es erneut Schwierigkeiten. Nachdem der langjährige Minister des königlichen Hauses, August Graf zu Eulenburg, im Sommer 1921 gestorben war, nahm das Finanzministerium sein Ableben zum Anlass, die bisherige Verwaltungsstruktur zu vereinfachen. Thronlehn Oels sollte künftig eine staatliche Verwaltung erhalten. Diese Veränderungen wollte die Kronprinzessin unter allen Umständen verhindern. Aus Sorge um den Verlust des letzten privaten Besitzes und von der Trauer um ihre drei Monate zuvor verstorbene Schwiegermutter Auguste Victoria gezeichnet, wandte sich Cecilie mit einem Schreiben an den preußischen Ministerpräsidenten. Sie wies noch einmal ausdrücklich darauf hin, „dass Oels immer als reiner Privatbesitz angesehen und sogar noch in jüngster Zeit nach der Staatsumwälzung als solches ausdrücklich anerkannt worden war." Weiterhin führte sie aus: „Unser dortiger Wohnsitz mit der Verwaltung sind eben unter großen Opfern und Schwierigkeiten neu eingerichtet [worden] und wir möchten hier still und zurückgezogen leben. […] Das Schloß bildet mit unseren Liegenschaften in wirtschaftlicher wie persönlicher Beziehung ein untrennbares Ganzes. Mein Mann, ich und meine Familie sind mit unserem Besitz, seinen Beamten und Angestellten, Arbeitern, den Pächtern, Administratoren und den Bewohnern der Domänen aufs engste verbunden". Sie erklärte, dass „der Einsatz einer neuen Verwaltung alle ihnen verbliebenen Rechte, jegliche selbstständige Disposition und die Betätigung auf eigenem Besitz ausschließen."[10] Nach einer erneuten Prüfung dieser Angelegenheit durch den Finanz- und den Justizminister konnte der Kronprinzessin acht Monate später mitgeteilt werden, „daß die Herrschaft Oels im Besitz der vormaligen kronprinzlichen Verwaltung verbleibt."[11] Durch ihren entschlossenen Einsatz und Diplomatie in der Oelser Besitzfrage hat Cecilie maßgeblich zu dieser Entscheidung beigetragen. Die Bedeutung des schlesischen Besitzes lag auf der Hand, das Lehen mit seinen zwölf Rittergütern bildete bis 1945 die wichtigste Versorgungsgrundlage für die kronprinzliche Familie und deren zahlreiche Angestellte.

Im September 1919 erhielt Cecilie zum ersten Mal die Genehmigung, den im niederländischen Exil lebenden Kronprinz zu besuchen. Es war das erste Wiedersehen des Paares seit der Revolution. Wilhelm hatte seiner Frau viel zu verdanken: Nachdem der Hohenzollernbesitz konfisziert worden war, hatte die Kronprinzessin einen Bankkredit aufgenommen und einen Teil ihrer Preziosen verkauft. Sie überwies das Geld in die Niederlande, um ihren Mann finanziell unterstützen zu können. Wilhelm ließ sich von ihr über die politischen Geschehnisse in der Heimat detailliert Bericht erstatten. Das Verhältnis des Kronprinzen zu seiner Gemahlin hatte sich indessen weiter abgekühlt. Die trotz dieses Umstandes von der Kronprinzessin

gehegten Hoffnungen, ihren Mann nun öfter besuchen zu können, sollten enttäuscht werden. Die niederländische und die deutsche Regierung genehmigten nur einen Besuch pro Jahr.

In den ersten Jahren der Weimarer Republik wurde die Kronprinzessin zum Mittelpunkt und zur führenden Repräsentantin der ehemals kaiserlichen Familie. Sie war zu einer Persönlichkeit herangereift, die durch besonnenes Handeln und couragiertes Auftreten auch nicht monarchistisch Gesinnten Respekt abverlangte. Den neuen politischen Gegebenheiten stand sie realistisch und aufgeschlossen gegenüber. Mit Erstaunen hörte sie, dass ihr Schwiegervater Wilhelm II. ernsthaft an die Wiedereinführung der Monarchie glaubte. In einem Brief an Louis Müldner von Mülnheim, den Adjutanten des Kronprinzen, äußerte sie sich kritisch über die politischen Ansichten des Kaisers: „Ich habe so merkwürdige Dinge von dort gehört, daß es schon meine ganze Kraft benötigen wird, diesen Auffassungen Stand zu halten. Hier in Deutschland sieht es anders aus als in Amerongen. Ich stehe mitten drin, als ein Teil der Gegenwart, nicht als Utopie oder im Mondland Amerongen."[12]

Trotz ihrer realistischen Einschätzung der Lage galt Cecilie bei großen Teilen der monarchistisch gesinnten Bevölkerung als geeignete Prätendentin auf den Hohenzollernthron. Pläne wurden ausgearbeitet, die ihr diese Rolle zudachten. Dem Rang nach wäre ihrem Schwager Prinz Eitel Friedrich diese Funktion zugefallen, der es jedoch vorzog, zurückgezogen zu leben. Große Teile der Bevölkerung rechneten mit der Wiederherstellung der Monarchie. Die Novemberrevolution hatte wohl eine neue Staatsform bewirkt, jedoch waren die Grundlagen des alten Herrschaftssystems und dessen politische Strukturen kaum angetastet worden. Der Kaiser und der Kronprinz, auf denen ein beachtlicher Teil der Kriegsschuld lastete, hielten sich im Ausland auf. Eine Rückkehr Wilhelms II. schien unmöglich. Auch Cecilie war der Ansicht, dass dies „ganz ausgeschlossen sei […]. Weder als Monarch, noch als Privatmann. Niemand wolle mehr etwas von ihm wissen."[13] Der ehemalige Generalstabschef des Kronprinzen, Friedrich Graf von der Schulenburg, vertrat ebenfalls diese Meinung. Gegenüber dem kaiserlichen Adjutanten Sigurd von Ilsemann äußerte er, dass Wilhelm II. in Deutschland „völlig erledigt" sei. „Der einzige wirkliche ‚Mann' in der Hohenzollernfamilie sei die Kronprinzessin; die wisse wenigstens, was sie wolle!"[14] Für Wilhelm II. gab es keine

Kronprinzessin Cecilie in einer Porträtaufnahme der bekannten Berliner Fotografin Yva, 1926.

Zweifel, dass nur er bei einer eventuellen Wiedereinführung der Monarchie als Regent in Frage käme. Alle anderslautenden Vorschläge wurden von ihm entschieden abgelehnt. So war Wilhelm II. außer sich vor Wut, als er erfuhr, dass die Kronprinzessin immer öfter als zukünftige Regierungschefin im Gespräch war und er ins Abseits gedrängt wurde. Auf ihre russische Herkunft anspielend, äußerte der Kaiser: „Ich weiß, daß die Kronprinzeß darauf aus ist, in Deutschland die Rolle der Katharina II. zu übernehmen. Gelingt ihr das nicht, so will sie alles tun, damit ihr Sohn auf den Thron kommt."[15] Auch war der Vorschlag unterbreitet worden, Cecilie solle bis zur Volljährigkeit ihres ältesten Sohnes die Staatsgeschäfte führen. Bis Ende 1923 hatte die Kronprinzessin beste Aussichten auf eine eventuelle Thronkandidatur. Die Wahrscheinlichkeit, diese Position zu übernehmen, sank, nachdem der Kronprinz im November 1923 aus der niederländischen Verbannung zurückkehren durfte und sich nun alle Hoffnungen der monarchistisch gesinnten Bevölkerung auf seine Person stützten.

Cecilie hatte nie die Hoffnung an eine Rückkehr ihres Mannes aufgegeben. Als im August 1923 Gustav Stresemann das Amt des Reichskanzlers übernahm, schien die Zeit dafür endlich gekommen. Louis Müldner von Mülnheim übergab dem Reichskanzler einen Antrag des Kronprinzen, ihm eine baldige Rückkehr nach Deutschland zu ermöglichen. Zur Begründung machte Wilhelm ausschließlich persönliche Motive geltend: den Wunsch, seine Familie endlich wiederzusehen, die Sorge für die Erziehung seiner sechs Kinder sowie die Verwaltung seines landwirtschaftlichen Besitzes in Oels. Nach einer verbindlichen Zusage Wilhelms, sich nach seiner Ankunft in der Heimat jeder Einmischung in die politischen Verhältnisse zu enthalten, stimmten die Mitglieder des Reichskabinetts dem Antrag des ehemaligen Thronfolgers einstimmig zu. Am Abend des 13. November traf er mit dem Automobil in Oels ein. Die Kronprinzessin erwartete ihren Mann aufgeregt und ungeduldig auf der Treppe des Schlosses. Doch die Differenzen zwischen den Ehepartnern, die sich schon nach wenigen Ehejahren deutlich gezeigt hatten, waren nach der langen Trennung nicht mehr zu überbrücken. Diese unglückliche Beziehung und die politischen Umwälzungen der letzten Jahre hatten deutliche Spuren bei Cecilie hinterlassen. Sie schien früh gealtert und hatte an Gewicht zugenommen. Der auf Äußerlichkeiten fixierte Kronprinz hatte das Interesse an seiner Frau nun gänzlich verloren.

Wie sehr Cecilie unter der Missachtung und Gleichgültigkeit ihres Mannes litt, drückt sich in einem Schreiben an ihre Schwägerin Victoria Luise aus, als sich der Kronprinz 1924 in Österreich aufhielt: „Wilhelm wird sich uns wohl bald nähern. Ich höre leider sehr wenig von ihm."[16] Der Kronprinz zeigte sich ganz ungeniert in Gesellschaft attraktiver Damen, mit zahlreichen hatte er Affären, die auch der Öffentlichkeit nicht verborgen blieben. Cecilie, einst umschwärmter Mittelpunkt der Gesellschaft, fühlte sich öffentlich gedemütigt und erniedrigt. Der Skandal einer Scheidung war undenkbar – und sie war auch nicht bereit, ihre Stellung innerhalb des ehemaligen Kaiserhauses und der Großfamilie aufzugeben.

Das Jahr 1926 brachte für die Hohenzollern Klarheit über ihre finanzielle Situation. Noch immer war der gesamte Geld- und Immobilienbesitz beschlagnahmt. Jetzt, nach achtjährigen anstrengenden Verhandlungen, war der Vertrag über die Vermögensauseinandersetzung zwischen dem preußischen Staat und dem Hause Hohenzollern ausgearbeitet worden und trat 1927 in Kraft. Dem vormaligen Königshaus verblieb etwa ein Drittel seines früheren Besitzes. Dazu gehörte eine Geldsumme von 15 Millionen Mark und etwa 65.000 ha Landbesitz, der überwiegend östlich der Elbe lag. Der Kronprinz wurde nun endgültig Eigentümer von Schloss Oels und den dazu gehörenden Rittergütern. Schloss Cecilienhof wurde zwar verstaatlicht, die Regierung hatte jedoch dem

Kronprinzenpaar sowie deren Kindern und Enkelkindern ein Wohnrecht auf Lebenszeit eingeräumt. In der Berliner Prachtstraße Unter den Linden behielt das vormalige Königshaus zwei seiner fürstlichen Wohnsitze – das Palais Kaiser Wilhelms I. und das Niederländische Palais, in dem die Generalverwaltung untergebracht war. Von nun an sah sich das Kronprinzenpaar wieder in der Lage, standesgemäß zu leben. Im Herbst 1926 hatte das Thronfolgerpaar mit seinen Kindern Schloss Cecilienhof bezogen, das ihnen in den vergangenen Jahren nur für einen kurzen Sommeraufenthalt zur Verfügung gestanden hatte. Cecilie hielt sich allerdings nur wenige Wochen im Jahr in Potsdam auf. Sie bevorzugte das Leben in Schlesien. Schloss Oels war ihr Hauptwohnsitz geworden, hier lebte sie viele Monate im Jahr. Die waldreiche Gegend erinnerte sie an ihre mecklenburgische Heimat, insbesondere an den Gelbensander Forst. In den zurückliegenden Jahren hatte sie Freundschaften mit den Großgrundbesitzern Niederschlesiens geschlossen. Sie pflegte gesellschaftliche Kontakte mit den Familien der Biron von Curlands in Wartenberg,

der Reichenbachs in Goschnitz, der Magnis in Eckersdorf, der Schaffgotschs, der Pfeils, der Tschirschkys, der Großherzogin Feodora von Sachsen-Weimar und anderer Familien der Nachbarschaft. Kronprinz Wilhelm hingegen bevorzugte das Leben in der ehemaligen Residenzstadt Potsdam. Er schätzte die Nähe zur Hauptstadt Berlin. Nunmehr schien es den beiden Ehepartnern zu gelingen, sich mit dem unterschiedlichen Lebensstil des anderen abzufinden und zu arrangieren. Wenn der Kronprinz seine Freunde oder ehemalige Offiziere der kaiserlichen Armee eingeladen hatte, zog sich Cecilie nach Tisch diskret zurück. Hatte seine Gemahlin Gäste eingeladen, hielt es Wilhelm nicht lange in deren Gesellschaft aus. Der Hausherrin hingegen bereitete es großen Genuss, mit den anwesenden Besuchern nach dem Diner noch stundenlang zusammenzubleiben. Wilhelm mochte diese langen Gesellschaften nicht, „er fand es unbeschreiblich langweilig. Er meinte, Cecilie habe diese Sitte aus Mecklenburg mitgebracht, wo es zu Land und Leuten paßt."[17]

Erster Besuch auf der Insel Wieringen. Niederlande, September 1919.

Kronprinz Wilhelm lebt von 1918 bis 1923 im niederländischen Exil. Die Insel Wieringen in der Zuiderzee wird ihm als Aufenthaltsort zugewiesen. Ein Pfarrhaus der Ortschaft Oosterland dient dem vormaligen Thronfolger als Unterkunft. Vom 6. bis 9. September besucht die Kronprinzessin ihren Gemahl, es ist das erste Wiedersehen seit der Revolution.

Zweiter Besuch mit den Söhnen. Niederlande, August 1920.

Nur einmal pro Jahr darf die Kronprinzessin ihren Gemahl besuchen. Während beim ersten Besuch nur die beiden jüngeren Prinzen ihre Mutter begleiten dürfen, nimmt Cecilie bei dieser Reise auch ihre erstgeborenen Söhne mit. V. l. Prinz Hubertus, Kronprinz Wilhelm, Prinz Friedrich, Kronprinzessin Cecilie, Prinz Wilhelm und Prinz Louis Ferdinand.

Mit den Geschwistern auf Schloss Ludwigslust, 1920.
Königin Alexandrine von Däne-mark besucht zum ersten Mal nach der Novemberrevolution Deutsch-land. Die politischen Verhältnisse haben sich grundlegend geändert, die deutschen Fürsten sind ent-thront. Auch an der 34-jährigen Kronprinzessin sind die Sorgen und Ängste der letzten Zeit nicht spurlos vorübergegangen.

Mit den Töchtern Alexandrine (r.) und Cecilie. Heiligendamm, Alexandrinen-Cottage, Sommer 1921.
Die Kronprinzessin ist nach Hei-ligendamm gereist, um sich von den Ereignissen der letzten Monate zu erholen. Ihr schwarzes Kleid erin-nert an die kurz zuvor verstorbene Kaiserin Auguste Victoria. Ihr Gesichtsausdruck ist ernst, und auch die Kinder zeigen keine rech-te Freude daran, fotografiert zu werden.

Im Kreise der Geschwister. Heiligendamm, Alexandrinen-Cottage, Sommer 1923.
Kronprinzessin Cecilie reist mit ihren Kindern nach Mecklenburg, um die Familie ihres Bruders zu besuchen. Das Alexandrinen-Cottage liegt direkt an der Ostsee. Es gehört zu den Immobilien, die der großherzoglichen Familie nach der Revolution 1918 vom Staate zugesprochen werden. V. l. Prinz Friedrich, Prinz Louis Ferdinand, davor Herzog Christian Ludwig, Kronprinzessin Cecilie, Großherzogin Alexandra, Königin Alexandrine, Großherzog Friedrich Franz IV., Prinz Hubertus, Erbgroßherzog Friedrich Franz; auf der Stufe davor sitzend v. l. Prinzessin Cecilie, Herzogin Thyra, Herzogin Anastasia, Prinzessin Alexandrine, Herzogin Woizlawa.

Konfirmation der Prinzen Wilhelm und Louis Ferdinand. Potsdam, Schloss Cecilienhof, 11. April 1922.
Die Konfirmation findet am ersten Todestag der Kaiserin Auguste Victoria im Schloss Cecilienhof statt. Nach einem Gottesdienst im Antikentempel versammelt sich die Familie zu einem Gruppenfoto auf der Treppe vor dem Schloss. Die Kronprinzessin weilt nur aus Anlass der Konfirmation ihrer ältesten Söhne in Potsdam. Sie hat Cecilienhof unter dem Druck der wirtschaftlichen Verhältnisse im November 1920 verlassen müssen und ist mit den vier jüngeren Kindern nach Schloss Oels übergesiedelt. Wilhelm und Louis Ferdinand wohnen weiterhin in Potsdam. Der Kronprinz kann an der Feier nicht teilnehmen, da er noch immer auf der niederländischen Insel Wieringen interniert ist.
1. Reihe v. l. Prinz Alexander Ferdinand von Preußen, Prinz Hubertus von Preußen, Prinzessin Alexandrine von Preußen, Erbgroßherzog Friedrich Franz von Mecklenburg-Schwerin, Prinzessin Cecilie von Preußen;
2. Reihe v. l. Prinzessin Irene von Preußen, Prinz Wilhelm von Preußen, Kronprinzessin Cecilie von Preußen, Prinz Louis Ferdinand von Preußen, Herzogin Victoria Luise von Braunschweig, Prinzessin Sophie Charlotte von Preußen;
3. Reihe v. l. Prinzessin Ina Marie von Preußen, Prinzessin Adelheid von Preußen, Prinz Heinrich von Preußen, dahinter N. N.;
letzte Reihe v. l. Prinz August Wilhelm von Preußen, Prinz Adalbert von Preußen, Prinzessin Viktoria Margarethe von Preußen, Prinz Eitel Friedrich von Preußen, Prinzessin Marie Luise von Preußen, Prinz Christian zu Schaumburg-Lippe, Großherzog Friedrich Franz IV. von Mecklenburg-Schwerin; auf der Mauer rechts v. l. Prinz Friedrich Sigismund von Preußen, Prinz Oskar von Preußen, Prinz Friedrich von Preußen.

Mit den Töchtern auf Schloss Oels, 1922.
Diese Aufnahme ist anlässlich des 40. Geburtstages des Kronprinzen entstanden. Cecilie schickt ihrem Ehemann die Fotografie ins niederländische Exil. Wilhelm, seit Beginn des Ersten Weltkrieges von der Familie getrennt, hat die ersten Lebensjahre seiner Töchter nur aus der Ferne erlebt.

Kronprinzessin Cecilie
mit ihren beiden Töchtern.

Der Kronprinz auf Schloss Oels, November 1923.
Nach fünfjähriger Verbannung auf der niederländischen Insel Wieringen darf Kronprinz Wilhelm im November 1923 nach Deutschland zurückkehren. Pressefotografen sind ins schlesische Oels gekommen, um die neuesten Aufnahmen des Heimgekehrten herzustellen.

*Beim Verlassen eines Wahl-
lokals, Oels 1924.
Erst seit 1918 gibt es das
Frauenwahlrecht in Deutschland. Kaiser Wilhelm II. hat
sich in seiner Regierungszeit
strikt dagegen ausgesprochen.
Cecilie, die aus ihrer konser-
vativen Einstellung nie ein
Geheimnis gemacht hat, genießt offensichtlich genauso
unvoreingenommen diese
neue demokratische Errun-
genschaft wie ihre Popularität.*

*Bestandenes Abitur. Lud-
wigslust, Sommer 1925.
Nachdem die Prinzen Wil-
helm (l.) und Louis Ferdinand ihr Abitur am Pots-
damer Realgymnasium be-
standen haben, reisen sie gemeinsam mit der Kronprin-
zessin ins mecklenburgische
Ludwigslust.*

Cecilie im Kreise der mecklenburgischen Familie. Jagdschloss Gelbensande, 1926.
Als beliebter Ort für ein Gruppenfoto dient die Haupttreppe des Jagdschlosses. Königin Alexandrine hat es sich auf dem seitlichen Treppenvorsprung bequem gemacht und unterstreicht somit den privaten Charakter der Aufnahme.

Kronprinzessin Cecilie, 1926.
Aus der jungen attraktiven Kronprinzessin ist nach dem Zusammenbruch der Monarchie eine zupackende und couragierte Persönlichkeit geworden. Durch ihr vorausschauendes Handeln hat sie die Veränderungen und Umbrüche der Nachkriegsjahre meistern können.

Die Großjährigkeitsfeier des Prinzen Wilhelm von Preußen. Haus Doorn, Niederlande, Juli 1927.

Prinz Wilhelm ist der älteste Enkelsohn Wilhelms II. und somit das künftige Oberhaupt des Hauses Hohenzollern. Deshalb wird sein 21. Geburtstag im Beisein des Kaisers im großen Stil in Doorn begangen. Mit stolz geschwellter Brust präsentiert sich Wilhelm II. in der Uniform der alten kaiserlichen Armee; v. l. Hermine, Kronprinz Wilhelm, Wilhelm II., Prinz Wilhelm, Kronprinzessin Cecilie, Prinz Friedrich; davor sitzend Prinzessin Cecilie (l.) und Prinzessin Alexandrine.

Gedenken an Prinz Friedrich Sigismund. Berlin, Klein Glienicke, 1927.

Mitglieder des früheren preußischen Königshauses haben sich zum Gedenken an den verstorbenen Prinzen Friedrich Sigismund versammelt. Der beliebte preußische Prinz galt als hervorragender Turnierreiter. Er starb in Luzern nach einem Sturz mit seinem Pferd. An seinem Grab im Schlosspark von Klein Glienicke v. l. die Witwe Prinzessin Marie Luise mit Tochter Prinzessin Luise, Kronprinzessin Cecilie, August von Mackensen, der die Gedenkrede hält, Prinz Eitel Friedrich und Prinz Oskar.

Konfirmation der Prinzen Hubertus und Friedrich. Potsdam, Schloss Cecilienhof, 25. Mai 1927.

Die Konfirmation der jüngeren kronprinzlichen Söhne findet wieder in größerem gesellschaftlichen Rahmen statt. Nach der Für-stenabfindung vom Oktober 1926 haben sich die finanziellen Verhältnisse der Hohenzollern erheblich verbessert. Schloss Ceci-lienhof wird neben Schloss Oels wieder ständiger Wohnsitz der kronprinzlichen Familie.

1. Reihe v. l. Prinzessinnen Cecilie von Preußen und Friederike von Hannover, Prinz Friedrich Karl von Preußen, dahinter Prinzessin Luise Henriette von Preußen, Prinz Franz Joseph von Preußen, Prinzessin Marianne von Preußen, Herzogin Thyra zu Mecklenburg, Prinz Welf Heinrich von Hannover, dahinter halb verdeckt Herzogin Anastasia zu Mecklenburg, Prinzessin Luise von Preußen, dahinter Prinz Georg Wilhelm von Hannover, Prinzessin Herzeleide von Preußen, Prinz Wilhelm Karl von Preußen, Prinz Oskar jr. von Preußen, Prinzessin Alexandrine von Preußen;

2. Reihe v. l. Erbgroßherzog Friedrich Franz von Mecklenburg-Schwerin, Prinz Wilhelm von Preußen, Prinz Hubertus von Preußen, Hofprediger Theodor Krummacher, Prinz Friedrich von Preußen, Herzog Christian Ludwig zu Mecklenburg, Prinz Alexander Ferdinand von Preußen, Erbprinz Ernst August von Hannover, Prinz Louis Ferdinand von Preußen, Prinz Chri-stian von Hannover;

3. Reihe v. l. Kronprinzessin Cecilie von Preußen, Prinzessin Adelheid von Preußen, Königin Alexandrine von Dänemark, Herzogin Victoria Luise von Braunschweig, Großherzogin Alexandra von Mecklenburg-Schwerin, Prinzessin Irene von Preu-ßen, Prinzessin Agathe von Preußen, Prinz Burchard von Preußen;

4. Reihe v. l. Prinzessin Marie Luise von Preußen, N. N., Sibylla von Tschirschky, Herzog Ernst August von Braunschweig, Prinzessin Marie Therese von Preußen, Prinzessin Ina Marie von Preußen, Prinz Christian zu Schaumburg-Lippe;

letzte Reihe v. l. in Uniform Prinz Oskar von Preußen, N. N., Wolf Ferdinand von Stülpnagel, Prinz Adalbert von Preußen, Prinz Eitel Friedrich von Preußen, Kronprinz Wilhelm von Preußen, dahinter N. N., Friedrich von Berg, Prinz August Wil-helm von Preußen, dahinter N. N., Prinz Friedrich Sigismund von Preußen, N. N., Wilhelm Dietrich von Ditfurth, Louis Müldner von Mülnheim, N. N., Otto von Müller.

An Bord eines Schiffes des Norddeutschen Lloyd, um 1928.
Gemeinsam mit ihren Söhnen Wilhelm und Louis Ferdinand (in der 2. Reihe, je hinter dem Steuerrad) nimmt Cecilie an einer Schiffsreise teil. Prinzenerzieher Wilhelm-Dietrich von Ditfurth (2. Reihe ganz rechts) und Hofdame Sibylla von Tschirschky gehören zu ihrem Gefolge.

Müritz, September 1929. Am 25. Jahrestag ihrer Verlobung reist die Kronprinzessin gemeinsam mit der mecklenburgischen Familie noch einmal an die Stätte dieses Ereignisses. Das schlichte Teehaus, in dem sich das junge Paar damals die Ehe versprochen hat, steht nur wenige Meter vom Strand. Der Kronprinz nimmt an diesem Familientag nicht teil. V. l. Erbgroßherzog Friedrich Franz, Großherzogin Alexandra, Kronprinzessin Cecilie, Königin Alexandrine, Großherzog Friedrich Franz IV.; davor sitzend Prinzessin Alexandrine, Herzogin Anastasia, Herzogin Thyra, Prinzessin Cecilie.

Silberhochzeit. Schloss Oels, 1930.
Im März 1930 reist der Fotograf Emil Bieber ins
schlesische Oels. Er hat den Auftrag erhalten, ak-
tuelle Aufnahmen zur bevorstehenden Silberhoch-
zeit des Kronprinzenpaares anzufertigen. Von den
verschiedenen Motiven ist schließlich nur eines von
der Kronprinzessin zur Veröffentlichung freigegeben
worden. Dabei handelt es sich um das Bild ohne
Mantel.

Silberhochzeit. Niederlande, Doorn, 6. Juni 1930.

Auf Wunsch Kaiser Wilhelms II. ist die Silberhochzeit des Kronprinzenpaares mit einer privaten Feier in Doorn begangen worden. 25 Jahre zuvor war die Fürstenhochzeit das gesellschaftliche Ereignis des Jahres 1905. Damals sind Hunderttausende in die Reichshauptstadt gekommen, um an den viertägigen Feierlichkeiten teilzunehmen.

1.Reihe v. l.: Prinzessin Henriette von Schönaich-Carolath, Prinzessin Victoria Marina von Preußen, Prinz Wilhelm Victor von Preußen, Prinzessin Alexandrine von Preußen, Prinzessin Cecilie von Preußen;

2. Reihe v. l.: Prinzessin Adelheid von Preußen, Prinz Wilhelm von Preußen, Prinz Friedrich von Preußen, Kronprinzessin Cecilie, Kronprinz Wilhelm, Herzogin Victoria Luise von Braunschweig, Großherzogin Alexandra von Mecklenburg-Schwerin, Herzog Christian Ludwig zu Mecklenburg;

Letzte Reihe: Prinz Adalbert von Preußen, Prinz Hubertus von Preußen, Großherzog Friedrich Franz IV. von Mecklenburg-Schwerin, Wilhelm II., Hermine, geb. von Schönaich-Carolath, Prinz Eitel Friedrich von Preußen, Prinz Ferdinand von Schönaich-Carolath, Erbprinz Friedrich Franz von Mecklenburg-Schwerin, Prinz Hans Georg von Schönaich-Carolath.

Kronprinzessin Cecilie mit Konfirmanden der Kaiserin-Auguste-Victoria-Gedächtnis-Stiftung. Potsdam, Friedenskirche, 11. April 1931.
Die Kronprinzessin legt besonderen Wert darauf, das Andenken der verstorbenen Kaiserin Auguste Victoria zu bewahren. An deren 10. Todestag nimmt Cecilie als Ehrengast an der Konfirmation der Schüler der Auguste-Victoria-Stiftung teil. Im Hintergrund Prinz August Wilhelm und Prinzessin Ina Marie, ganz rechts Hofprediger Dr. Vogel.

Potsdam, Schloss Cecilienhof, September 1932.
Die Kronprinzessin trägt einen modischen Mantel, dessen
Kragen mit einem kostbaren Pelz besetzt ist. Die für sie ty-
pischen langreihigen Perlenketten fehlen ebenfalls nicht. Verhalten blickt sie zum Betrachter. Die Fotografie gehört zu den
letzten Aufnahmen, die das Atelier Bieber im Auftrag der
Kronprinzessin angefertigt hat.

Geburtstag des Kronprinzen. Potsdam, Schloss Cecilienhof,
6. Mai 1932.
Der 50. Geburtstag des Kronprinzen wird auf Schloss Cecilienhof gefeiert. Bei offiziellen Anlässen dieser Art zeigt sich
das Kronprinzenpaar in harmonischer Eintracht, doch die
Wirklichkeit sieht anders aus. Beide Ehepartner haben sich
auseinandergelebt und gehen ihre eigenen Wege.

*Der Geburtstagstisch der Kron-
prinzessin. Potsdam, Schloss
Cecilienhof, Wohnhalle, 22.
September 1932.*
*Zwei Tage nach Cecilies 46.
Geburtstag entsteht diese Auf-
nahme des Geburtstagstisches.
Zu ihren Geschenken gehören
neben Fotografien der Söhne
auch eine Büste ihrer 15-jähri-
gen Tochter Cecilie. Die Plastik
ist ein Werk der Potsdamer Bild-
hauerin Marie Luise „Puppi"
Sarre. Die Eltern der Bildhaue-
rin waren mit der Kronprinzes-
sin eng befreundet. Prof. Friedrich
Sarre ist Direktor der Islamischen
Abteilung des Kaiser-Friedrich-
Museums und führt ein großes
Haus in Neubabelsberg.*

*Wagner-Festspiele, um 1932.
Die Kronprinzessin ist in Begleitung des mecklenburgischen
Großherzogs und seiner Familie
sowie des dänischen Kronprinzen Frederik nach Bayreuth gereist. Cecilie ist eine hervorra-
gende Musikkennerin und große
Verehrerin des Komponisten Richard Wagner. V. l. Großherzog
Friedrich Franz IV., Königin
Alexandrine, Großherzogin
Alexandra, dahinter Erbgroßherzog Friedrich Franz, Kronprinzessin Cecilie, dahinter
Herzog Christian Ludwig und
Kronprinz Frederik.*

Letzte Fotografien des Ateliers Bieber. Potsdam, Schloss Cecilienhof, 1932. Das Kronprinzenpaar hat im Dezember 1932 das Atelier Bieber nach Cecilienhof gebeten, um wie in den Jahren zuvor aktuelle Porträtaufnahmen anzufertigen. Das jüdische Unternehmen ist nach 1933 antisemitischen Anfeindungen ausgesetzt, seine Besitzer emigrieren nach Südafrika. Zur Veröffentlichung der Fotografien ist es nicht mehr gekommen.

Prinz Wilhelm in der Uniform des Stahlhelm, 1932.
Der älteste Sohn der Kronprinzessin ist Mitglied im Stahlhelm, dem Bund der Frontsoldaten. Eine militärische Laufbahn in der Weimarer Republik ist dem Enkel Wilhelms II. jedoch versagt geblieben. Der Kronprinzensohn erfreut sich durch seinen untadeligen Charakter und wegen seiner Bescheidenheit allgemeiner Beliebtheit.

Tagung des Bundes Königin Luise, um 1932.
Mit 200.000 Mitgliedern ist der Luisenbund – mit Kronprinzessin Cecilie als Schirmherrin – einer der größten Frauenbünde der Weimarer Republik. Als Protektorin steht ihr ein Sessel zu, dessen Armlehnen mit Eichenlaub dekoriert sind. Auch die Sitzhöhe des Stuhles unterscheidet sich von denen der anderen Mitglieder. Dadurch wird die ohnehin schon stattliche Erscheinung Cecilies deutlich hervorgehoben.

Hochzeit des Prinzen Wilhelm. Bonn, 3. Juni 1933.
Kaiser Wilhelm II. verurteilt die Eheschließung seines ältesten Enkel-
sohnes aufs Schärfste. Die Familie der Braut ist nach den strengen Ho-
henzollernschen Hausgesetzen nicht ebenbürtig. Durch die Vermählung
verliert Prinz Wilhelm seine Privilegien als Erstgeborener. Sein Bruder
Louis Ferdinand tritt nun an seine Stelle.

1933 – 1945:
Im „Dritten Reich"

Im Januar 1931 stattete Hermann Göring dem Kaiser einen zweitägigen Besuch in Doorn ab. Göring ließ in seinen Gesprächen immer wieder durchblicken, dass es Hitlers Wunsch sei, die Monarchie unter der Herrschaft Wilhelms II. zu restaurieren. Die Kronprinzessin instruierte Hausminister Leopold von Kleist, der den Besuch arrangiert hatte, er solle den Kaiser davon überzeugen, bei einer möglichen Wiedereinführung der Monarchie auf die Krone zu verzichten. „In diesem Sinne sprach sie lange auf mich ein, wobei es mehrmals Tränen gab. […] Na, ich habe ihr dann gründlich die Meinung gesagt. Wenn Hermine[1] nicht da wäre, würde die Kronprinzessin wahrscheinlich ganz anders denken, aber Hermine gönnt sie die Krone nicht."[2] Die Hinwendung der Hohenzollern zum Nationalsozialismus in den beginnenden Dreißigerjahren entsprach einer Tendenz innerhalb konservativ-monarchistischer Kreise. Im Zusammenhang mit der Neuwahl des Reichspräsidenten im Frühjahr 1932 schaltete

sich der Kronprinz intensiver in die Annährungspolitik der Hohenzollern an die Nationalsozialisten ein. Im ersten Wahlgang am 13. März hatte niemand der Kandidaten die absolute Mehrheit der Stimmen erhalten. In Vorbereitung auf die notwendige Stichwahl am 10. April, bei der die Entscheidung zwischen Hindenburg und Hitler fallen musste, traten die Vertreter der NSDAP am 29. März 1932 mit dem Vorschlag an den Kronprinzen heran, sich als Präsidentschaftskandidat der „Nationalen Front" zur Verfügung zu stellen. Als bei Wilhelm Zweifel aufkamen, war es Kronprinzessin Cecilie, die ihren Mann letztendlich dazu brachte, einer Kandidatur zuzustimmen. Vergebens versuchte sie ihn zu überzeugen, auf das Einverständnis des Kaisers in Doorn zu verzichten.[3] Der Kaiser lehnte den Plan empört ab. Schroff wies er seinen ältesten Sohn zurecht: „Wenn Du diesen Posten übernimmst, so mußt Du den Eid auf die Republik schwören. Tust Du das, hältst ihn, so bist Du für mich erledigt, ich enterbe Dich und schmeiße Dich aus meinem Haus heraus." Für Wilhelm II. war schon der Gedanke unfassbar, die Hohenzollern könnten auf diese Weise „über den republikanischen roten Ebertschen Präsidentenstuhl wieder zur Macht gelangen."[4] Angesichts der starren Position seines Vaters sah sich der Kronprinz am 31. März zum Verzicht auf die Kandidatur gezwungen. Er trat jedoch am 3. April mit einer Erklärung an die Öffentlichkeit, die internationales Aufsehen erregte. „Wahlenthaltung im zweiten Wahlgang der Reichspräsidentenwahl ist unvermeidbar mit dem Gedanken der Harzburger Front. Da ich eine geschlossene nationale Front für unbedingt notwendig halte, werde ich im zweiten Wahlgang Adolf Hitler wählen."[5]

Ende April 1932 besuchte der vierte Kaisersohn, Prinz August Wilhelm, seinen Vater in Doorn. Der Prinz war entsetzt über den Groll, den der Kaiser gegenüber der Kronprinzessin hegte. Wilhelm II. hätte sich empört geäußert, „daß die Kronprinzessin nichts für Preußen oder Deutschland fühle! Sie sei Russin und Dänin, und habe nur ein Ziel: den Thron. Zur Erleichterung dieses Zieles habe sie den Kronprinzen so fürchterlich schlecht beraten, als er sich zum Präsidentschaftskandidaten zur Verfügung stellen wollte."[6] Kurze Zeit später besuchte das Kronprinzenpaar Göring in Berlin. Hausminister von Kleist berichtete darüber: „Der Kronprinz – wie auch die Kronprinzessin – hätten nicht nur Göring, sondern auch Hit-

ler, der später hinzugekommen sei, sehr den Hof gemacht, aber schließlich nur das Gegenteil von dem erreicht, was sie zu erreichen wünschten. Hinzu käme, dass „die Kronprinzessin ihm, Göring, persönlich unsympathisch sei".[7] Die Einladung an das ehemalige Thronfolgerpaar war von den Nationalsozialisten gezielt erfolgt. Sie hofften, führende Mitglieder des Hauses Hohenzollern für ihre Interessen zu gewinnen, um bei den bevorstehenden Wahlen möglichst viele Stimmen aus dem monarchistischen Lager zu erhalten. Nachdem Göring bereits Gast beim 50. Geburtstag des Kronprinzen gewesen war, besuchte er am 20. Mai 1932 Wilhelm II. in Doorn. Auch das Kronprinzenpaar war zugegen. Cecilie änderte noch schnell die Sitzordnung, „damit Kleist nicht rechts, sondern links von ihr saß und der Halbgott Göring den Platz rechts neben ihr erhielt."[8]

Der älteste Sohn der Kronprinzessin, Prinz Wilhelm, sorgte Anfang der Dreißigerjahre ungewollt für heftige Schlagzeilen. Wilhelm hatte während seines Studiums in Bonn eine aus einfachem Adel stammende Dame kennen gelernt, die er heiraten wollte. Dorothea von Salviati war den strengen Hausgesetzen der Hohenzollern zufolge nicht ebenbürtig. Wilhelm würde bei einer Heirat seine Rechte als Erstgeborener verlieren. Gerade in dem Augenblick, als Hermann Göring seinen ersten Besuch in Doorn absolvierte und Wilhelm II. erneut Hoffnungen auf die Wiederherstellung der Monarchie hegte, drangen die Hochzeitsgerüchte an die Öffentlichkeit. Prinz Wilhelm war durch seinen untadeligen Charakter, seine Bescheidenheit und die Ähnlichkeit mit dem Ururgroßvater Kaiser Wilhelm I. bei der Bevölkerung sehr populär – die Idealbesetzung für eine mögliche Thronfolge. Dies setzte allerdings voraus, dass er im Falle einer Eheschließung eine Dame aus einem noch oder vormals regierenden bzw. durch den Wiener Kongress mediatisierten (d. h. nicht mehr reichsunmittelbaren) Haus wählte.

Hausminister Leopold von Kleist unterrichtete den Kaiser in Doorn über die beabsichtigte Heirat. Wilhelm II. reagierte entsetzt. Er hörte erstmals von den Heiratsplänen und war darüber maßlos empört. „Habe Ihren Brief mit der total überraschenden Auskunft erhalten. Vom Kronprinzen bisher kein Brief oder Nachricht bekommen. Habe niemals, auch von der Kronprinzessin nicht, etwas davon gehört. Bin vollkommen aus den Wolken gefallen. Unerhört, gänzlich ausgeschlossen! Habe sonst von keiner Seite jemals auch nur gerüchteweise davon gehört. Wie ist so etwas möglich ?"[9] Der Kaiser lud den Prinzen am 7. April 1931 zu einem klärenden Gespräch nach Doorn. Zuvor hatte Cecilie ihrem Sohn in Oels auseinandergesetzt, welche Konsequenzen diese Heirat mit sich bringen würde. Dabei sprach sie sich nicht direkt gegen eine Heirat aus, denn sie verstand die Gefühle ihres Ältesten.[10] Als der Bräutigam in spe in der ersten Aprilwoche in Doorn eintraf, empfing ihn der Kaiser bereits am Torgebäude, „wo es dreißig Minuten eine zeitweise erregte Auseinandersetzung gab."[11] Durch die Unterredung mit seinem Großvater wurde der Prinz allmählich unsicher und „sprach davon, dass er es gar nicht so plötzlich gemeint habe, nur die Situation habe klären wollen, ob möglich."[12] Zwei Tage später sandte der Kaiser ein Telegramm an den Kronprinzen mit den Worten: „All right – Papa."[13] Damit war klar, dass der Prinz auf die Heirat mit Dorothea von Salviati verzichtet hatte. Wilhelm II. war glücklich, jedoch monierte er, dass „er diese Sache mit seinem Enkel ins reine bringen müsse, anstatt die Eltern so etwas erledigen zu lassen."[14]

Das Verhältnis zwischen Kronprinzenpaar und Kaiser war seit Monaten angespannt. Wilhelm II. warf seiner Schwiegertochter vor, entscheidende Fehler bei der Erziehung ihrer Kinder gemacht zu haben. „Schmerzerfüllt" wandte sich Cecilie an den Hausminister: „Es hat mich tief erschüttert, ja ich gestehe offen, daß ich fassungslos vor den mir gemachten Vorwürfen stehe!" Weiter schreibt sie: „Mich hat dieser Brief so tief verletzt, gerade in dem Augenblick, als unser Ältester so schwer litt und noch leidet, denn der arme Junge ist ja innerlich noch lange nicht damit fertig."[15] Cecilie war verbittert darüber, wie wenig ihre Bemühungen unter den erschwerten Bedingungen der Kriegs- und Nachkriegszeit vom Kaiser gewürdigt wurden.

Gegen allen Widerstand war Prinz Wilhelm nach zwei Jahren entschlossen, die Ehe mit Dorothea von Saviati doch einzugehen. Erneute

Kronprinzessin Cecilie mit ihrer ersten Enkelin Felicitas.

Gespräche, die ihn von der Hochzeit abbringen sollten, ließ er nicht zu. Ohne Wissen des Kaisers hatte er bereits in der „Stahlhelm Zeitung" seine Verlobung bekannt gegeben. Nun gab es kein Zurück. Nach einer Besprechung mit Wilhelm II. wurde beschlossen bekanntzugeben, dass die Verlobung ohne Wissen und Genehmigung der Eltern und des Kaisers erfolgt sei. Der Kronprinz teilte seinem Vater mit, dass er und die Kronprinzessin nichts gegen eine Heirat einzuwenden und diese bereits seit zwei Jahren erwartet hätten. Daraufhin gab Wilhelm II. als Familienoberhaupt bekannt, dass Prinz Wilhelm in die Reihe der nachgeborenen Prinzen tritt und dass seine Gemahlin kein Mitglied des königlichen Hauses wird. Weiterhin heißt es: „Das Verhalten des Prinzen Wilhelm hat das Ansehen des königlichen Hauses schwer geschädigt."[16]

In Bonn, der Geburtstadt der Braut, fand sechs Wochen später, am 3. Juni 1933, die Hochzeit statt. Der Kaiser hatte die Teilnahme der Eltern an der Hochzeit verboten,[17] worunter besonders Cecilie litt. Sie revanchierte sich allerdings im folgenden Jahr. Als ihre Schwiegertochter am 7. Juni 1934 einem Mädchen das Leben schenkte, reiste die Kronprinzessin zur Taufe nach Bonn, ohne dabei einem erneuten kaiserlichen Verbot Folge zu leisten.

Die karitative Arbeit war in den Zwanziger- und Dreißigerjahren die einzige Möglichkeit für die Kronprinzessin, sich ein angemessenes Wirkungsfeld zu schaffen. Neben dem Protektorat über den „Bund Königin Luise" hatte Cecilie den Ehrenvorsitz über den „Vaterländischen Frauenverein" und die „Schwesternschaft des Johanniter-Ordens" übernommen. Die von ihr 1913 ins Leben gerufene „Cecilienhilfe"[18] konnte 1925 wieder neu gegründet werden. Vor dem Zusammenbruch der Monarchie im Jahr 1918 war ihr Terminkalender über Wochen und Monate ausgebucht. Neben der Überwachung der Erziehung ihrer Kinder musste sie als Deutschlands Kronprinzessin zahlreiche öffentliche Verpflichtungen wahrnehmen. Jetzt, wenige Jahre nach der Revolution, hatten verschiedene monarchistische Verbände und kirchliche Einrichtungen die

Kronprinzessin gebeten, ihren Institutionen als Protektorin vorzustehen. Cecilie hatte zwar seit dem Ende der Monarchie keine staatspolitische Funktion mehr, doch blieb sie weiterhin eine Person des öffentlichen Lebens.

Die Schirmherrschaft über den „Bund Königin Luise" hatte sie an die Spitze einer der größten monarchistischen Frauenbünde der Weimarer Republik gestellt. Die politische Gesinnung des Bundes war mit der des Stahlhelms, einem deutsch-nationalen Frontkämpferbund, zu vergleichen. Ziele und Aufgaben sahen beide in der „Wiederherstellung der deutschen Ehre" nach dem verlorenen Weltkrieg und in der Erziehung der weiblichen Jugend zu „Pflichtbewußtsein und Opferbereitschaft." Cecilie war somit „eine Figur, an der sich die Hoffnungen auf eine Retablierung der Monarchie festmachen konnten".[19] Der Bund, der landesweit organisiert war, zählte 1930 über 200.000 Mitglieder. Im Jahre 1932 fand in Potsdam die Landesverbandstagung des Bundes statt. Ein begleitendes Fest wurde im Potsdamer Luftschiffhafen gefeiert. Nach einem patriotischen Theaterspiel mit 2.000 Darstellern zogen 30.000 Frauen in einem Fackelzug an der Kronprinzessin und der Bundesführerin Freifrau Charlotte von Hadeln vorbei.[20] Hinter der traditionalistischen Fassade verbarg sich jedoch auch antisemitisches und völkisches Gedankengut, weil „deutsch" hier auf die Abstammung zielte. Der Bund Königin Luise war der erste und einzige Verband im Verbund der konser-vativen Frauenvereine, der in seiner Satzung Jüdinnen von der Mitgliedschaft ausschloss.[21] Dabei verkehrte Cecilie weiterhin mit jüdischen Geschäftsleuten. So wurde der ehemalige Hoffotograf Emil Bieber noch im Dezember 1932 nach Cecilienhof gebeten, um aktuelle Porträtaufnahmen des Kronprinzenpaares anzufertigen. Daher ist es um so unverständlicher, dass Cecilie gemeinsam mit Charlotte von Hadeln im Mai 1933 unaufgefordert ein Telegramm an Adolf Hitler richtete, in dem der „Bund Königin Luise" sich dem „Schutz" und der „Führung" Adolf Hitlers unterstellte.[22] Im Frühjahr 1934 verboten die Nationalsozialisten jedoch dessen ungeachtet alle monarchistischen Organisationen. Die Mitglieder des Bundes wurden in die „NS-Frauenschaft" und den „Bund Deutscher Mädel" eingegliedert.

Viel zu spät wurde dem Kronprinzenpaar bewusst, dass Hitler nie ernsthaft an eine Restaurierung der Monarchie in Deutschland gedacht hatte. Sein anfängliches Interesse war nur vorgetäuscht. Erst nach der Machtergreifung der Nationalsozialisten am 30. Januar 1933 bekam das Haus Hohenzollern zu spüren, welche Ziele der „Führer" tatsächlich verfolgte. Als sich anlässlich des 75. Geburtstages Wilhelms II. am 27. Januar 1934 einige monarchistische Verbände trafen, um das Jubiläum zu feiern, störte die SA diese Veranstaltungen. Dabei ging sie raffiniert vor. Die Randalierer tarnten sich als Kommunisten und drangen in die Versammlungsräume ein, während andere Trupps gegen die

Störer vorgingen. Kurz darauf erließ Göring ein Verbot aller monarchistischen Vereinigungen, um „derartigen Störungen der öffentlichen Ordnung" vorzubeugen.[22] Der Reichskanzler betonte in seiner Rede zum ersten Jahrestag der Machtergreifung ausdrücklich, dass er sich gegen alle Restaurationsversuche verwahrte.

Mecklenburgs Fürstinnen und Winifred Wagner in Bayreuth, August 1934.

Kronprinz Wilhelm nahm die Diffamierungen mit Ärger und Unverständnis hin, wollte jedoch die Gunst der Nationalsozialisten nicht verlieren. So nutzte er weiterhin jede Gelegenheit, um sich an der Seite hoher Parteigenossen zu zeigen. Die Kronprinzessin hatte dagegen die Taktik der neuen Machthaber bald durchschaut und begonnen, sich allmählich von ihnen zu distanzieren. Nach anfänglichem Interesse misstraute sie dem nationalsozialistischen Gedankengut zunehmend, schließlich lehnte sie es entschieden ab. Nicht weniger, aber auch nicht mehr. Während Wilhelm dem „Führer" weiterhin Geburtstagsglückwünsche übersandte und ihm nach Kriegsbeginn zu seinen militärischen Erfolgen gratulierte, entwickelte Cecilie eine tiefe Abneigung gegen die Nationalsozialisten. Dabei versuchten die neuen Machthaber den noch immer beachtlichen Einfluss der früheren preußischen Herrscherfamilie für ihre eigenen Interessen auszunutzen. Mit Genugtuung sahen sie 1930 den

Eintritt des Prinzen August Wilhelm in die NSDAP. In den folgenden Jahren wurde der Kaisersohn bewusst bei nationalsozialistischen Kundgebungen als Redner eingesetzt. Die monarchistisch gesinnte Bevölkerung sollte auf diese Weise für den nationalsozialistischen Gedanken begeistert werden. Auwi, wie der Prinz innerhalb der Familie genannt wurde, war von seinem unerschütterlichen Glauben an Hitler derart beflügelt, dass er nicht einmal davor zurückschreckte, auch Mitglieder seiner Familie zu denunzieren. So schwadronierte er in den frühen Dreißigerjahren öffentlich darüber, dass seine Schwägerin Kronprinzessin Cecilie durch ihre badische Verwandtschaft jüdische Vorfahren haben könnte. Dieses Gerücht war nicht neu. Bereits fünf Jahre nach Cecilies Eheschließung war verbreitet worden, dass der Vater von Cecilies Großmutter ein jüdischer

Bankier gewesen sei, mit dem Großherzogin Sophie von Baden in den Dreißigerjahren des 19. Jahrhunderts angeblich eine Affäre gehabt haben soll.[24] Diese Vermutungen konnten weder bewiesen noch widerlegt werden.

Seit dem Ende der Zwanzigerjahre hatten die kronprinzlichen Kinder nacheinander das Elternhaus verlassen, um in verschiedenen Städten ihrer Ausbildung nachzugehen. Im Jahr 1936 gehörten nur noch das Kronprinzenpaar und seine jüngste Tochter Cecilie zu den ständigen Bewohnern der Schlösser Oels und Cecilienhof. Der Kronprinzessin lag es besonders am Herzen, ihren Kindern eine umfassende Ausbildung zu ermöglichen. Die Wünsche der Kinder sollten bei der Berufswahl ausschlaggebend sein. Wilhelm hatte im Jahre 1925 gemeinsam mit seinem Bruder Louis Ferdinand am Potsdamer Realgymnasium das Abitur abgelegt. Nach seinem Jurastudium an den Universitäten von Bonn und Königsberg arbeitete er in der königlichen Hofkammer. Seit 1935 lebte er als Gutsverwalter im schlesischen Klein Obisch. Louis Ferdinand studierte Volkswirtschaft an der Berliner Friedrich Wilhelm Universität. Nach seinem Examen bereiste er Spanien und Südamerika. In Detroit wurde der preußische Prinz als Mechaniker bei Ford ausgebildet. Nach seiner Rückkehr aus den USA im Jahre 1934 arbeitete er als Referent bei der Lufthansa. Hubertus, der mit seinen jüngeren Geschwistern keine öffentliche Schule besuchte, erhielt in Oels Hausunterricht. Aber auch er absolvierte sein Abitur an einer staatlichen Schule in Potsdam. Nachdem er im schlesischen Oberglogau zum Landwirt ausgebildet worden war, trat er 1934 in das Infanterieregiment 8 in Frankfurt/Oder ein. Nach einem Besuch der Fliegerschule tat er Dienst als technischer Offizier auf dem Fliegerhorst Brieg. Im Frühjahr 1944 musste er aus der Wehrmacht ausscheiden und übernahm die Verwaltung des Gutes Wildenbruch bei Schwedt. Der jüngste Sohn, Friedrich, absolvierte nach seinem Jurastudium eine Ausbildung bei einem Bankhaus in Bremen. Cecilie bat den in Bremen wohnenden Direktor des Norddeutschen Lloyd, Philipp Heineken, um Unterstützung. Nachdem Heineken den Prinzen für einige Tage bei sich aufgenommen hatte, schrieb die Kronprinzessin, „wir dachten, daß er jetzt nur kurz Ihre Gastfreundschaft in Anspruch nimmt […]. Vielleicht kann er auch gelegentlich eine Wohnung mieten. Mir schwebt ein einfaches Zimmer für ihn, in einer netten Familie vor, wo er es auch etwas gemütlich hat, und bei seiner Jugend Anschluß findet." Abschließend bemerkt sie: „Er verfügt über ungefähr 400,– Mark monatlich, so daß er sich ein solides einfaches Leben gut aufbauen kann."[25] 1937 volontierte er bei dem Londoner Bankhaus J. Henry Schroeder & Co. und beschloss daraufhin, sich in England dauerhaft niederzulassen.

Prinzessin Alexandrine besuchte in den Jahren 1932 bis 1934 die Trüpersche Sonderschule in Jena.[26] Adini, so ihr Kosename, erhielt dort mit anderen geistig benachteiligten Kindern eine einfache Schulausbildung und kehrte im Sommer 1934 aus Jena nach Potsdam zurück. Im folgenden Jahr starb ihre langjährige Erzieherin Selma Boese, worunter die Prinzessin sehr litt.[27] Auf Anraten der Ärzte wurde Alexandrine in eine ruhigere Umgebung gebracht. Daraufhin verließ sie 1936 ihr Elternhaus und zog an den Starnberger See, wo sie gemeinsam mit einer Betreuerin ein kleines Haus bewohnte. So oft wie möglich besuchte die Kronprinzessin ihre Tochter in Bayern. Den Jahreswechsel 1938/39 verbrachte Adini bei ihrem Großvater Wilhelm II. in Doorn. Während eines Aufenthaltes in Oels 1943 erkrankte Alexandrine an Scharlach und musste mehrere Wochen bei ihrer Mutter in Schlesien bleiben. Die nächsten Jahre lebte sie völlig zurückgezogen. Ihr Cousin Prinz Burchard war zeitweilig ihr Vormund[28] – er fuhr gelegentlich, wie auch ihre Brüder Louis Ferdinand und Hubertus, zu einem kurzen Besuch nach Starnberg. In späteren Jahren erhielt die Kaiserenkelin, außer von ihrem Bruder Louis Ferdinand[29], keine Familienbesuche mehr und vereinsamte zusehends.

Die jüngste Tochter Cecilie besuchte ab 1932 das adelige Damenstift im brandenburgischen Heiligengrabe. Anschließend arbeitete sie im Hausarchiv der Hohenzollern in Berlin-Charlottenburg. Ihr Aufgabengebiet umfasste die Inventarisierung des Nachlasses der Königin Luise und der Kaiserin Augusta. Zu Beginn des Zweiten Weltkrieges legte sie ihr Examen als Schwesternhelferin beim Deutschen Roten Kreuz ab.

Die Nationalsozialisten hatten nach der Machtergreifung sämtliche monarchistischen Verbände aufgelöst, was das Betätigungsfeld der Kronprinzessin stark einschränkte. Ihre früher zahlreichen öffentlichen Auftritte und Verpflichtungen fanden kaum noch statt. Nur vereinzelt, wie im Dezember 1937, trat Cecilie als Repräsentantin des ehemaligen Kaiserhauses in Erscheinung. Damals feierte die Dorotheenstädtische Kirche in Berlin ihr 250-jähriges Bestehen. Das im Jahre 1687 vom Großen Kurfürsten errichtete Gotteshaus war die älteste evangelische Kirche Berlins. In Begleitung ihres Schwagers Eitel Friedrich nahm Cecilie an der Feierstunde teil.[30]

Durch den Verlust aller sozial-karitativen Ämter boten einzig Familienfeiern die Möglichkeit für öffentliche Auftritte. Einer dieser gesellschaftlichen Anlässe war die Hochzeit des Prinzen Louis Ferdinand im Jahre 1938. Am Heiligen Abend des Jahres 1937 hatte sich der Prinz mit der russischen Großfürstin Kira verlobt, der jüngeren Tochter des Großfürsten Kirill. Nach der Ermordung von Zar Nikolaus II. hatte sich der Großfürst zum Familienchef des Hauses Romanow ernannt. Kira war auf Einladung der Kronprinzessin gemeinsam mit ihrem Bruder Wladimir nach Potsdam gekommen, um mit der kronprinzlichen Familie das Weihnachtsfest im Schloss Cecilienhof zu begehen.

Während ihres Aufenthaltes in Potsdam hatte sich die 28-jährige Großfürstin in den zwei Jahre älteren Preußenprinzen verliebt. Ende Dezember 1937 reiste das junge Paar mit der Kronprinzessin nach Doorn, um im Beisein des Kaisers die Verlobung offiziell bekannt zu geben. Bereits fünf Monate später, im Mai 1938, fand in der großen Wohnhalle von Schloss Cecilienhof die Trauung nach russisch-orthodoxem Ritus statt. Da es sich bei dem Bräutigam um den Erben und künftigen Chef des Hauses Hohenzollern handelte, waren alle Familienmitglieder eingeladen worden, unter ihnen auch die Angehörigen der Seitenlinien des weit verzweigten Hauses Hohenzollern. Der kronprinzliche Hof entfaltete noch einmal seine ganze Pracht. Das Fest wurde zum ersten großen Familientreffen seit der Hochzeit der Kaisertochter Victoria Luise im Jahre 1913. Die Hochzeitsgesellschaft reiste am Abend des 2. Mai 1938 in die Niederlande. Auf Wunsch Wilhelms II. fand die evangelische Trauung durch Oberhofprediger Bruno Doehring in seinem Beisein am 4. Mai im Haus Doorn statt.

Wenige Wochen nach Beginn des Zweiten Weltkrieges zog sich Cecilie auf ihre schlesischen Besitzungen zurück. Sie mied von nun an Potsdam, dessen Nähe zur Reichshauptstadt sie nie besonders geschätzt hatte. Die Kronprinzessin liebte das Leben auf dem Land. Als in den letzten drei Kriegsjahren die Häufigkeit der Fliegerangriffe auf Berlin zunahm, erwies sich das entlegene Schlesien als sicherer Wohnort.

Die besondere Sorge Cecilies während der Kriegsjahre galt ihren Söhnen. Fünfzehn Hohenzollernprinzen standen im Heeresdienst, darunter drei ihrer Söhne. Prinz Friedrich, der in England lebte, wurde kurz nach Kriegsbeginn verhaftet und in ein Internierungslager nach Kanada verschleppt. Im folgenden Jahr erfolgte durch Vermittlung der britischen Königinmutter Mary seine Freilassung.[31] Der Prinz war das Patenkind ihres verstorbenen Mannes, König Georg V., gewesen.

Bereits im September 1939 forderte der Zweite Weltkrieg in den Reihen der Preußenprinzen ein erstes Opfer. Der 24-jährige Prinz Oskar jr., ein Neffe der Kronprinzessin, fiel nur fünf Tage nach Kriegsbeginn in Polen. Am 25. Mai 1940 erhielt Cecilie die Nachricht von der lebensgefährlichen Verletzung ihres ältesten Sohnes Wilhelm. Er war bei den Kämpfen um Valenciennes in Fankreich am 23. Mai schwer verwundet worden. Am 26. Mai verstarb der Prinz in einem Feldlazarett in Nivelle. Der Sarg mit der sterblichen Hülle traf am 28. Mai in Potsdam ein und wurde in der Friedenskirche aufgestellt. Obwohl das Kronprinzenpaar erst einen Tag vor der Beisetzung eine kurze Traueranzeige veröffentlichen durfte, waren etwa 50.000 Menschen in den Park von Sanssouci gekommen. Die überwältigende Anteilnahme am Tod des Hohenzollernprinzen war von den Nationalsozialisten als eine Demonstration für die Monarchie und als unerhörte Herausforderung gewertet worden. Um zu verhindern, dass die Monarchisten erneut aus dem „Heldentod" eines Prinzen Kapital schlagen könnten, verbot Hitler deren Fronteinsatz. Wenig später erweiterte er den Erlass auf alle Mitglieder ehemals regierender Fürstenhäuser, und im Mai 1943 ordnete der Reichskanzler deren völligen Ausschluss aus der Wehrmacht an.[32]

Trotz dieser Ausgrenzung und weiterer Schmähungen durch die Nationalsozialisten gegenüber dem Haus Hohenzollern sandte der Kronprinz im Mai und Juni 1940 zwei Glückwunschtelegramme an Hitler, die er später stets bereute. Drei Wochen nach dem Tode seines Sohnes schrieb der Kronprinz an Hitler, „… ihrer genialen Führung, der unvergleichlichen Tapferkeit unserer Truppen […] ist es gelungen, in der unvorstellbaren kurzen Zeit von knapp fünf Wochen Holland und Belgien zur Kapitulation zu zwingen. In dieser Stunde von größter historischer Bedeutung möchte ich Ihnen als alter Soldat und Deutscher voller Bewunderung die Hand drücken."[33]

Aufbahrung des Prinzen Wilhelm in der Potsdamer Friedenskirche, 29. Mai 1940

Gleicher Auffassung war die Kronprinzessin - sie schrieb am 5. Juli 1940 aus Oels an Hermine: „Wie dankbar und stolz können wir auf das Heer und die Führung sein."[34] Die Nationalsozialisten waren zu dieser Zeit auf dem Höhepunkt ihrer militärischen Erfolge. Cecilie empfand es trotz ihrer Ablehnung von deren Ideologie als ehrenhaft, dass ihr Sohn für das Vaterland gefallen war. Es ist erstaunlich, dass sich der Kronprinz zu solch stürmischer Begeisterung hinreißen lassen konnte, obwohl er spätestens seit 1937 aus seiner Gegnerschaft zum Naziregime keinen Hehl mehr machte. Wollte er die Gunst der Nationalsozialisten nicht verlieren, da er befürchten musste, sie könnten Teile seines Vermögens konfiszieren? So hatte Hermann Göring seit Mitte der Dreißigerjahre das kaiserliche Jagdschloss Rominten in Ostpreußen kaufen wollen und mit Enteignung im Falle einer Verkaufsweigerung gedroht. Die Hohenzollern hatten, wie alle fürstlichen Häuser, schon lange ihre letzten Privilegien verloren. So mussten im März 1939 Postkarten mit fürstlichen

Porträts aus den Schaufenstern entfernt werden, ein Verkauf war nicht mehr gestattet. Diese Verordnung wurde erlassen, nachdem den Offizieren der Kontakt mit fürstlichen Häusern fast völlig verboten worden war. Die kronprinzliche Familie hatte dabei besondere Erwähnung gefunden.[35]

1941 starb Wilhelm II. Der Kaiser hatte am 1. März bei einer seiner legendären Baumfällaktionen einen Ohnmachtsanfall erlitten. Sein Gesundheitszustand verschlechterte sich zusehends, und er verstarb am 4. Juni 1941. Die Hohenzollernfamilie reiste mit einem Sonderzug zur Trauerfeier ins niederländische Doorn. Hitler hatte anfangs geplant, eine Feier in Berlin oder Potsdam zu organisieren, um die Popularität des Kaisers für seine Zwecke zu missbrauchen. Der letzte Wille Wilhelms II. aus dem Jahre 1933 widersprach allerdings den propagandistischen Absichten des „Führers". Der Kaiser hatte testamentarisch verfügt, dass sein Leichnam in Doorn beigesetzt werden soll, wenn „[…] in Deutschland das Kaisertum noch nicht wieder erstanden, d. h. eine monarchische Staatsform" vorhanden sei.[36] Beim Tode des Kaisers stand die Kronprinzessin im 55. Lebensjahr, ihr Gemahl war nun das Familienoberhaupt und führte den Titel „Chef des Hauses Hohenzollern". Hätte die deutsche Geschichte einen anderen Weg eingeschlagen, dann wäre Cecilie jetzt an der Seite ihres Mannes deutsche Kaiserin und Königin von Preußen. Der Kronprinz stand

seinem Haus zu einer Zeit vor, als sich das nationalsozialistische Regime auf dem Höhepunkt seiner Macht befand. Die Aktivitäten des ehemaligen Thronfolgers beschränkten sich nun lediglich auf die Verwaltung seiner umfangreichen Besitzungen.

Eine der ersten „Amtshandlungen" des Kronprinzen bestand darin, seiner Gemahlin den „Orden vom Schwarzen Adler" zu verleihen.[37] Die höchste preußische Auszeichnung wurde an weibliche Mitglieder der königlichen Familie nur bei der Thronbesteigung des Ehemanns verliehen oder, wie in diesem Fall, wenn der Gemahl als Familienoberhaupt folgte. Drei Monate später, am Geburtstag der Kronprinzessin, überreichte ihr der Kronprinz das „Großkreuz des Luisen-Ordens". Dieser Orden war zuvor nur einmal von Wilhelm I. an seine Tochter, die Großherzogin Luise von Baden, überreicht worden. In der Verleihungsurkunde an Cecilie heißt es: „In der Überreichung dieses Ordens bitte ich Dich, ein äußeres Zeichen meines tief empfundenen Dankes zu erblicken, für alle mir in langen Jahren bewiesene verständnisvolle Liebe, Treue und Aufopferung, in Sonderheit für die sorgsame Erziehung der von Dir, liebe Cecilie, geschenkten 6 Kinder."[38] Die wohlgesetzten Worte standen im klaren Gegensatz zur Realität der Ehe der beiden Partner. In jener Zeit, zwei Jahre nach Beginn des Zweiten Weltkrieges, sah Cecilie ihren Mann immer seltener. Sie reiste oft in ihre Heimat nach Gelbensande,

Ludwigslust oder ins schlesische Oels, während sich Wilhelm in Potsdam oder dem bayerischen Mittelberg aufhielt.

Während die Kronprinzessin auf Schloss Oels in der Abgeschiedenheit Schlesiens lebte, wurde Berlin von immer heftigeren Luftangriffen stark verwüstet. Bei einem schweren Bombenangriff in der Nacht zum 23. November 1943 brannten neben unzähligen Gebäuden des historischen Zentrums der Hauptstadt auch zwei der prächtigsten Palais der Hohenzollern fast vollständig aus. Das Kaiser Wilhelm Palais Unter den Linden und das benachbarte Niederländische Palais.[39]

Die Kriegsereignisse der letzten Jahre lasteten schwer auf dem Gemüt Cecilies, hinzu kam die schlechte allgemeine Versorgungslage, von der auch die Hohenzollern nicht verschont blieben. Ernsthaft sorgte sie sich um einige Immobilien, deren Verkauf die Nationalsozialisten forderten. Cecilie, die über einen ausgeprägten Familiensinn verfügte, fühlte sich gerade in dieser schwierigen Zeit für den Zusammenhalt der Hohenzollern verantwortlich, zumal ihr durch die nationalsozialistische Gesetzgebung die soziale Arbeit versagt blieb. Seit 1943 waren große Teile des Schlosses Oels zur Unterbringung der „Heinckelwerke" beschlagnahmt worden.[40] In Potsdam sah es nicht anders aus. In einem Flügel des Schlosses Cecilienhof war ein Lazarett eingerichtet worden, außerdem hatte das Kraftfahrzeugkorps der Wehrmacht einige Räume in Besitz genommen.

Eine angenehme Abwechslung im tristen Kriegsalltag brachten einige Familienfeste in den Jahren 1943/44.[41] Am 1. Juni 1943 gab das Kronprinzenpaar die Verlobung ihres dritten Sohnes Hubertus mit Prinzessin Magdalene Reuß bekannt. Die Kriegstrauung fand bereits fünf Tage später auf Schloss Prillwitz, dem Elternhaus der Braut, statt. Mit Rücksicht auf die Kriegszeit und auf die Tatsache, dass Hubertus erst fünf Monate zuvor von seiner ersten Gemahlin Freiin Maria Anna von Humboldt-Dachroeden[42] geschieden worden war, wurde die Hochzeit nur im kleinen Familienkreis begangen.

Da die Kriegslage immer auswegloser geworden war und mit einem baldigen Vorstoß der Roten Armee in Richtung Westen gerechnet wurde, entwarf Cecilies Schwager, Prinz Oskar, im August 1944 erste Pläne, um die Familie zu evakuieren. Allerdings erwies sich die Bereitstellung von Unterkünften als schwieriges Unterfangen, da der hohenzollersche Besitz fast ausschließlich östlich der Elbe lag. Prinz Oskar hatte bei einer notwendig werdenden Flucht geplant, die Kronprinzessin und deren Tochter Cecilie ins österreichische Hopfreben zu evakuieren. Die Witwe des Prinzen Wilhelm mit ihren beiden Töchtern sollte ins bayerische Mittelberg, im Kleinen Walsertal gelegen, gebracht werden. Louis Ferdinand mit Frau und fünf Kindern sollte auf die Burg Hohenzollern, Hubertus mit Frau und Tochter nach Mecklenburg. Als er der Familie die Vorschläge unterbreitete, stieß er von allen Seiten auf Ablehnung: „[...] alle fanden meine Vorsicht übertrieben, lächerlich, hatten tausend Gründe nicht dorthin zu gehen, wohin sie gehörten."[43]

Die Kronprinzessin hatte sich im Dezember 1944 von Oels nach Potsdam begeben, um mit dem Kronprinzen das Weihnachtsfest zu verbringen. In den ersten Januartagen reiste Cecilie noch einmal nach Oels. Sie hatte gehofft, länger bleiben zu können, musste aber nach zehn Tagen wieder nach Cecilienhof zurückkehren. Der Kronprinz hatte inzwischen Potsdam verlassen. Er war am 17. Januar in das Sanatorium Stillachhaus nach Oberstdorf gereist, um ein Gallenleiden auszukurieren.[44] Unterdessen organisierte Cecilie mit allen ihr zur Verfügung stehenden Mitteln die Evakuierung ihrer Familie. Ihr war es gelungen, einen Lastkraftwagen zu organisieren, der Prinzessin Kira mit den Kindern aus dem westpreußischen Cadinen nach Potsdam holte. Nach einem kurzen Aufenthalt begab sie sich gemeinsam mit ihrem Mann Louis Ferdinand nach Bad Kissingen. Als die Rote Armee die Stadt Küstrin einnahm und man befürchtete, dass sie bei dem anhaltenden Vormarschtempo in zwei Tagen nach Berlin vorstoßen könnten, überzeugte Prinz Oskar die Kronprinzessin, die mit einer fiebrigen Erkältung im Bett lag, davon, Potsdam unverzüglich zu verlassen. Gleichfalls wurde Cecilie auch von ihrem Mann telegrafisch gemahnt. Er bat seine Frau, Potsdam unter allen Umständen zu verlassen. „Er beschwor mich, nicht auf ihn zu warten. Ich sandte ein Bündel von Telegrammen aus, an Freunde besserer Tage. Einige antworteten nicht, einige sagten bedauernd ab, andere sagten bedingt zu, nahmen dann die Zusagen unter Verwendung von Vorwänden zurück. Es war die alte Geschichte von Freunden in der Not. Man konnte, wollte, durfte sich nicht mit mir belasten"[45], schreibt sie später.

Der Kabinettchef des Kronprinzen, Major Müldner von Mülnheim, erinnerte sich an das geräumige Kurhaus, die „Villa Fürstenhof" in Bad Kissingen. Dessen Besitzer, Dr. Paul Sotier, war gut mit ihm befreundet. So bat er den Sanitätsrat, der zeitweise Leibarzt Wilhelms II. in Doorn war, um die vorübergehende Aufnahme von Louis Ferdinand, Kira und den Kindern. „Unmöglich, Fürstenhof ist Lazarett, die Villa bereits bis oben hin voller Flüchtlinge."[46] Dessen nichtgeachtet begaben sich die Potsdamer Flüchtlinge in den bayerischen Kurort. Nachdem Cecilie auf ihre zahlreichen Telegramme keine Antwort erhalten hatte, reiste sie ebenfalls nach Bad Kissingen. Ihr Handgepäck bestand aus zwei Koffern und einer Tasche.[47] Am Abend des 2. Februar 1945 verließ Cecilie in Begleitung ihres Sohnes Hubertus und seiner Gemahlin Magdalene ihr Potsdamer Heim. Dem „Transport" hatten sich der Kammerdiener und die Zofe der Kronprinzessin sowie ihre langjährige Freundin Edelgarde Raehse angeschlossen. Mit zwei Automobilen fuhren sie nach Berlin zum Anhalter Bahnhof. Major

Müldner von Mülnheim war es gelungen, zwei Abteile in einem der letzten D-Züge Berlin-Stuttgart zu reservieren. „Nachdem wir eingestiegen waren, überließen wir die noch freien Plätze anderen Reisenden, denn der Zug war total überfüllt", erinnert sich die Schwiegertochter Cecilies.[48] Während der unbequemen Zugfahrt sorgte sich die Kronprinzessin um die Witwe des Prinzen Wilhelm. Erst am 26. Januar, als am Horizont bereits das Feuer der brennenden Stadt Breslau zu sehen war, war es Dorothea mit ihrer Mutter und den Töchtern gelungen, Klein Obisch zu verlassen. Mit einem Pferdetreck waren sie bis nach Primkenau gekommen, von wo sie nach einigen Tagen von einem PKW abgeholt wurden. Der Kronprinzessin war es möglich gewesen, das Fahrzeug zu senden, bevor sie Potsdam verlassen hatte. Als die Prinzessin in Cecilienhof ankam, war von der Familie nur noch Prinz Oskar anwesend. Die Kronprinzessin befand sich bereits auf dem Weg nach Bad Kissingen. Auch ihre Tochter, Prinzessin Cecilie, war bereits ins hessische Schloss Wolfsgarten gereist, wo sie bei Prinz Ludwig von Hessen untergekommen war. Nach kurzem Aufenthalt in Potsdam fuhr Dorothea mit ihrer Familie zu ihrer Schwägerin nach Verden an der Aller.[49]

Jubiläumsfest des Bundes Königin Luise.
Berlin, Sportpalast, 15. Mai 1933.
Vier Monate nach dem Machtantritt der
Nationalsozialisten feiert der Bund Köni-
gin Luise seinen 10. Gründungstag. Bei
ihrem Weg zur Tribüne wird die Kronprin-
zessin stürmisch umjubelt. Obwohl in der
konservativen Ausrichtung partiell in Op-
position zur Nazi-Ideologie stehend, blei-
ben die Rolle des Bundes und die Haltung
der Bundesführung gegenüber den Nazis
höchst ambivalent.

Ansprache der Kronprinzessin. Berlin, Sportpalast, 15. Mai 1933.
Dem konservativ-monarchistischen Frauenbund droht nach dem Machtantritt der
Nationalsozialisten die Auflösung. Daher nutzt die Bundesführung die Jubel-
feier als Plattform, um sich gegenüber dem neuen politischen System zu positio-
nieren. In einem an diesem Tag verfassten Telegramm der Kronprinzessin und
der Bundesvorsitzenden Charlotte von Hadeln an Adolf Hitler unterstellt sich der
Bund Königin Luise unaufgefordert dessen „Schutz" und „Führung".

Porträtaufnahme, 1933.
Im Anschluss an die Bayreuther Festspiele weilt Cecilie für einige Wochen zur Kur in Bad Kissingen. Die Fotografie versieht die Kronprinzessin mit der Widmung „Cecilie – Mit herzlichem Dank. Kissingen 1933" und sendet sie an die Familie Sotier. Erst 1945 soll die Kronprinzessin in die Villa Fürstenhof zurückkehren, allerdings nicht als Kurgast, sondern als Flüchtling.

Kronprinzessin Cecilie, 1933.
Der Kasseler Fotograf Franz Langhammer hat diese ungewöhnliche Foto-
grafie der mondän wirkenden Kronprinzessin aufgenommen. Der Pelzkra-
gen ihres Mantels ist locker um die Schulter gelegt. Dabei hat der Fotograf
das eine Ende so drapiert, dass es so aussieht, als sei es zufällig herunterge-
rutscht. Franz Langhammer hat die Nachfolge von Emil Bieber angetreten,
der als Jude nach 1933 sein Atelier nicht weiterführen durfte.

Wagner-Abend im Hotel Esplanade, 29. März 1933.
Nur selten weilt die Kronprinzessin in Berlin. Eine Ausnahme bilden Veranstaltungen der Cecilienhilfe im Hotel Esplanade. V. l. Prinzessin Ina Marie von Preußen, Herzog Adolf Friedrich zu Mecklenburg, Kronprinzessin Cecilie, Kronprinz Wilhelm, Frau Konsul Staudt, Prinzessin Cecilie, Herzogin Woizlawa.

Die Taufe der Tochter des Prinzen Wilhelm von Preußen

Taufe der Prinzessin Felicitas. Bonn, Villa Salviati, 1. Oktober 1934.
Kronprinzessin Cecilie wird zum ersten Mal Großmutter. Trotz eines Verbotes Wilhelms II. ist sie mit dem Kronprinzen und ihrem Sohn Friedrich nach Bonn gereist, um an den Tauffeierlichkeiten teilzunehmen.

Das Kronprinzenpaar präsentiert stolz sein erstes Enkelkind.
1. Oktober 1934.

Kronprinz Wilhelm mit seiner Schwiegertochter Dorothea. Bonn,
Villa Salviati, 1. Oktober 1934.
Der Kronprinz hat sich nach der offiziellen Tauffeier mit seiner
Schwiegertochter zurückgezogen. Die große Aquamarinbrosche am
Kleid der Prinzessin Dorothea ist ein Taufgeschenk der Kronprin-
zessin.

Konfirmationsfoto der Prinzessinnen Alexandrine und Cecilie. Potsdam, Schloss Cecilienhof, 22. Oktober 1934.
Am 76. Geburtstag der verstorbenen Kaiserin Auguste Victoria findet die Konfirmation der beiden Töchter des Kronprinzen-
paares statt. Der Tag hat mit einem Gottesdienst im Antikentempel begonnen, anschließend konfirmiert Oberhofprediger Doeh-
ring die Prinzessinnen in der Großen Halle des Schlosses Cecilienhof.
1. Reihe auf dem Boden die Prinzen Friedrich Karl und Wilhelm Karl von Preußen; 2. Reihe v. l. Prinzessin Marie Luise von
Preußen, Großherzogin Alexandra von Mecklenburg, Kronprinzessin Cecilie, Königin Alexandrine von Dänemark, Prinzes-
sin Irene von Preußen, Prinzessin Ina Marie von Preußen; 3. Reihe v. l. Herzogin Woizlawa zu Mecklenburg, Prinzessin
Herzeleide von Preußen, Prinzessin Dorothea von Preußen, Prinzessin Alexandrine, Prinzessin Cecilie, Herzogin Anastasia
zu Mecklenburg, Herzogin Thyra zu Mecklenburg; letzte Reihe v. l. Prinz Louis Ferdinand von Preußen, Prinz Friedrich von
Preußen, Prinz Wilhelm von Preußen, Prinz Christian Friedrich zu Schaumburg-Lippe, Prinz Eitel Friedrich von Preußen,
Prinz Hubertus von Preußen, Kronprinz Wilhelm, Prinz Oskar von Preußen, Prinz Alexander Ferdinand von Preußen, Prinz
Heinrich XXXVII. Reuß, Prinz August Wilhelm von Preußen, Herzog Christian Ludwig zu Mecklenburg, Großherzog Fried-
rich Franz IV. von Mecklenburg.

Kronprinzessin Cecilie mit den Konfirmandinnen Prinzessin Alexandrine (links) und Cecilie. Potsdam, Schloss Cecilienhof, 22. Oktober 1934.

Mit den drei jüngsten Kindern. Potsdam, Schloss Cecilienhof, 1935.
Die Kronprinzessin hat sich mit ihren Kindern zu einem Spaziergang entschlossen. Sie sind vor das Schloss Cecilienhof getreten und posieren noch kurz für den Fotografen. Cecilie genießt die Gesellschaft ihrer Kinder sehr, zumal die drei ältesten Prinzen das Elternhaus bereits verlassen haben. Prinz Friedrich (r.) wird im darauffolgenden Jahr nach England gehen, um dort eine Ausbildung zu absolvieren. Alexandrine verlässt ebenfalls 1936 Schloss Cecilienhof und geht in Begleitung ihrer Pflegerin nach Bayern. Nur die jüngste Tochter Cecilie (l.) wird bis Kriegsende bei ihren Eltern leben.

Das Kronprinzenpaar in der Französischen Kirche. Potsdam, 30. Oktober 1935.
Das Kronprinzenpaar nimmt an der offiziellen Feierstunde anlässlich des 250. Jahrestages des Edikts von Potsdam teil.

Gäste im Salon der Kronprinzessin, 19. Januar 1936.
Kronprinz Frederik von Dänemark ist mit seiner jungen Gemahlin zu einem Privatbesuch nach Potsdam gereist. Erst im Jahr zuvor hat Frederik die 25-jährige schwedische Prinzessin Ingrid geheiratet. Das Kronprinzenpaar ist damals nach Stockholm eingeladen worden. Die Büste neben dem Kamin zeigt die preußische Königin Luise, ein Werk des Bildhauers Christian Philipp Wolff.

Olympische Spiele in Berlin, 1936.
Bevor im Sommer in der Reichshauptstadt die Olympischen Spiele eröffnet werden, lässt sich die Kronprinzessin einige Monate zuvor die neu errichteten Gebäude auf dem Reichssportfeld zeigen. In ihrer Begleitung befindet sich die Königin von Dänemark (l.) und Tochter Cecilie (dahinter).

Am Rande der Wagner-Festspiele. Bayreuth, 18. August 1937.
Die Festspiele sind stets einer der Glanzpunkte im Musikleben der Kronprinzessin gewesen. Dieses Musikereignis gestaltet sich regelrecht zu einem Familientreffen. Hier lässt sich die Kronprinzessin von ihrer jüngsten Tochter chauffieren. Im Fond des Wagens hat Herzogin Thyra Platz genommen. Zum ersten Mal ist die schwedische Prinzessin Ingrid, die junge Ehefrau des dänischen Kronprinzen, in Bayreuth anwesend. Hinter dem Wagen v. l. Königin Alexandrine und das dänische Kronprinzenpaar.

Gratulationscour nach der Trauung. Potsdam, Schloss Cecilienhof, Musiksalon, 2. Mai 1938.
Mit den Glückwünschen an seine Tochter Kira eröffnet Großfürst Kirill die Gratulationscour. Nach dem Ende der russisch-orthodoxen Trauungszeremonie, die in der benachbarten Wohnhalle stattgefunden hat, begeben sich die Hochzeitsgäste in den Musiksalon der Kronprinzessin. Kirill, das Oberhaupt des Hauses Romanow, ist bereits schwer krank, sodass man befürchtet, er werde den Hochzeitstag seiner Tochter nicht erleben. Nur fünf Monate später ist er gestorben. Am rechten Bildrand ist Pater Adamatow zu sehen, der die Trauung zelebrierte.

Festliches Diner. Potsdam,
Schloss Cecilienhof, Speisesaal,
2. Mai 1938.
Nach der Trauung bittet das
Kronprinzenpaar zum Diner.
Tischherr der Kronprinzessin ist
der russische Großfürst Dimitri,
der zwei Jahrzehnte zuvor maß-
geblich an der Ermordung von
Grigori Rasputin beteiligt gewe-
sen war. Ihnen gegenüber die Kö-
nigin von Dänemark, rechts ne-
ben ihr der Zar von Bulgarien. Im
Vordergrund die Kronprinzessin
von Dänemark im Gespräch mit
Prinz Eitel Friedrich.

Hochzeit in Doorn. Niederlande,
Haus Doorn, 4. Mai 1938.
Auf Wunsch Wilhelms II. ist die
standesamtliche Trauung des
Prinzen Louis Ferdinand in
Doorn vollzogen worden. Wil-
helm II. hat sich vorbehalten, die
Hochzeitsgäste persönlich auszu-
wählen. Einigen russischen
Großfürsten untersagt er die Teil-
nahme an den Feierlichkeiten, da
sie nach seinem Ermessen nicht
standesgemäß verheiratet sind,
dies gilt auch für den ältesten Sohn
des Kronprinzen.

Taufe des Prinzen Friedrich Wilhelm. Potsdam, Schloss Cecilienhof, April 1939.

Der erste Sohn des Prinzen Louis Ferdinand und seiner Gemahlin, der russischen Großfürstin Kira, ist im Schloss Cecilienhof durch Oberhofprediger Bruno Doehring auf den traditionellen Namen Friedrich Wilhelm getauft worden. Taufpaten sind der dänische Kronprinz Frederik, die niederländische Kronprinzessin Juliana und die schwedische Prinzessin Sibylle. V. l. auf dem Sofa Kronprinzessin Cecilie, Prinzessin Kira mit dem Täufling, Prinzessin Cecilie, dahinter Prinz Hubertus, Kronprinz Wilhelm, Prinz Louis Ferdinand.

Das Kronprinzenpaar mit seinen drei ältesten Söhnen und ihrer jüngsten Tochter. Potsdam, Schloss Cecilienhof, Weißer Salon, 1939.

Zu dieser Zeit lebt nur noch Prinzessin Cecilie bei den Eltern, die Söhne haben das Elternhaus bereits verlassen und sind nur zu einem kurzen Besuch nach Potsdam gekommen; v. l. sitzend Louis Ferdinand, Kronprinzessin Cecilie, Wilhelm; stehend v. l. Kronprinz Wilhelm, Cecilie, Hubertus.

Beisetzung des Prinzen Wilhelm. Pots-
dam, Friedenskirche 29. Mai 1940.
Dem Sarg voran schreiten in der Uniform
der Luftwaffe die Brüder des Verstorbe-
nen, Prinz Louis Ferdinand (l.) und
Prinz Hubertus. Das Ordenskissen trägt
Adolf von Salviati, ein Bruder der
Witwe.

Trauerzug durch den Park Sanssouci,
Potsdam, 29. Mai 1940.
Zu beiden Seiten der Hauptallee haben
sich von der Friedenskirche bis zum An-
tikentempel 50.000 Menschen versam-
melt, um dem beliebten Hohenzollern-
prinzen die letzte Ehre zu erweisen.

Dem Sarg folgen zahlreiche Mitglieder der Hohenzollernfamilie. An der Spitze Kronprinz Wilhelm und die 32-jährige Witwe Prinzessin Dorothea. Daneben Kronprinzessin Cecilie mit Prinz Eitel Friedrich.

Blick in den Antikentempel.
Der Sarg findet seine vorrübergehende Aufstellung vor dem Sarkophag der Kaiserin. Der Tempel hat sich in ein Blumenmeer verwandelt. Im Vordergrund ein Kranz von Generalfeldmarschall Hermann Göring. Dahinter der Kranz der Eltern, auf deren silbernen Schleifen als letzter Gruß das Wort „Mama" und ein gekröntes „W" zu lesen ist.

Zwei ehemalige Landesfürstinnen. Schloss Oels, um 1940.
Die Kronprinzessin lässt sich gemeinsam mit ihrer Schwägerin, der Großherzogin von Mecklenburg-Schwerin, fotografieren. Obwohl die weiße Bluse und die Krawatte der Kronprinzessin einen strengen Ausdruck verleiht, verrät ihr Gesichtsausdruck das Gegenteil. Beide Damen kennen sich seit 30 Jahren und sind eng befreundet. Seit Kriegsbeginn lebt Cecilie überwiegend im schlesischen Oels.

Cecilie mit dem Fabergé-Diadem, 19. Juli 1941.
Ganz der Kaiserzeit verpflichtet, trägt die Kronprinzessin ein kostbares Diadem, das auf der schlichten Frisur nur schwer zu befestigen ist. Es hat den Anschein, als wäre das Schmuckstück nur auf die Frisur montiert worden. Die Fotografie aus dem Jahre 1939 ist stark retuschiert. Cecilie hat die Aufnahme am Todestag der Königin Luise mit ihrem Namenszug versehen und einer so genannten Luisenbraut an deren Hochzeitstag in der Potsdamer Garnisonkirche überreicht.

Westpreußen. Cadinen, Sommer 1942.
Nach der Geburt der beiden Söhne Friedrich Wilhelm und Michael 1939 und 1940
wird Prinz Louis Ferdinand nun Vater einer Tochter, die auf den Namen Marie Cé-
cile getauft wird. Kronprinzessin Cecilie, die nach Westpreußen gekommen ist, um das
neue Familienmitglied in Augenschein zu nehmen, ist nun fünffache Großmutter.

1945 – 1954:
Die letzten Lebensjahre

Das erste Weihnachtsfest nach der Flucht aus Potsdam „war sehr tränenreich".[1] Cecilie verlebte den Heiligen Abend gemeinsam mit ihren Kindern in der Villa Sotier. Nur schwer konnte sich die Kronprinzessin mit dem Gedanken abfinden, die Heimat für immer verloren zu haben. Ein Jahr nach ihrem Weggang aus Potsdam schrieb sie an den Werksmeister des Johanniterordens, Bodo von der Marwitz: „Ich bilde mir noch ein, mit wenig Sachen, auf einer Reise zu sein, da das Wohnen in einem ehemaligen Badeort diese Illusion erwirkt."[2]

Im Herbst 1945 hatte die Kronprinzessin einen jungen Mann kennen gelernt, der es verstand, sich als Organisationstalent unabkömmlich zu machen: es war der 31-jährige Otto Groha. Mit großem Engagement gelang es ihm, das Leben der Kronprinzessin in den ersten Nachkriegsjahren so erträglich wie möglich zu machen. Der aus dem Krieg heimgekehrte Hauptmann war im Gegensatz zur Kronprinzessin im Besitz eines Automobils. Cecilie hatte den Wunsch, ihre Familie, die in alle Winde zerstreut war, zu besuchen. So unternahmen beide Autofahrten von Bad Kissingen durch ganz Deutschland. Die erste Fahrt ging nach Pöcking an den Starnberger See, hier wohnte seit 1936 Prinzessin Alexandrine. Groha gewann bald das uneingeschränkte Vertrauen der Kronprinzessin und wurde zu einem unverzichtbaren Bestandteil ihrer letzten Lebensjahre. Nach dem Tod des Kronprinzen ernannte ihn Cecilie 1951 zum „Hofrat", um sich auf diese Weise für seine Dienste erkenntlich zu zeigen.

Die Kritik und Sorge der Familie erwiesen sich als begründet – nicht nur deshalb, weil Groha zunehmend zum Thema in den „Bunten Blättern" wurde. Sofern es Cecilies finanzielle Mittel erlaubten, ließ er sich seine Dienste großzügig entlohnen. Noch nach dem Tod der Kronprinzessin verstand er es, Kapital aus diversen „Lebenserinnerungen" zu schlagen, die von ihm als Serien an Illustrierte verkauft wurden.[3]

Neuen Lebensmut schöpfte Cecilie, als ihr im Frühjahr 1946 Karl Graf von Luxburg eine Etage seines Schlosses zur Verfügung stellte. Schloss Aschach, nur wenige Kilometer vor den Toren Bad Kissingens gelegen, wurde von seinen Besitzern nur noch einige Tage im Jahr bewohnt. So konnte man der Kronprinzessin vier Räume für den Sommeraufenthalt anbieten. Die waldreiche Umgebung erinnerte sie stark an die mecklenburgisch-brandenburgische Heimat. Das kostbare Interieur des Schlosses erweckte bei ihr die Illusion, in früheren Zeiten zu leben. Doch der Herbst brachte die Rückkehr in die Realität der spartanisch eingerichteten Räume der Villa Sotier.

Cecilie fühlte sich isoliert. Sie war schmal und kraftlos geworden. Ihre karitativ-sozialen Aufgaben aus der Zeit vor dem Zweiten Weltkrieg konnte sie nicht wieder aufnehmen. Ihre Anfragen beim Bayerischen Roten Kreuz wurden abgelehnt. Resigniert schrieb sie: „Die Heimatlosigkeit drückt […] schrecklich und dazu das Fehlen täglicher Aufgaben."[4] Mit ihrer neuen Situation konnte sie sich nur schwer abfinden. Umso wichtiger waren in dieser Zeit die selten gewordenen Familientreffen. Am 20. September 1946 feierte die Kronprinzessin ihren 60. Geburtstag. Der Kronprinz war nach Bad Kissingen gekommen, ebenso ihre Kinder Hubertus und Cecilie. Von ihren alten Freunden war nur Edelgarde Raehse zugegen.

Der einstige große Freundeskreis der Kronprinzessin war in alle Winde zerstreut. Bei selten gewordenen Besuchen bat Cecilie Frau Sotier darum, im Salon der Villa empfangen zu dürfen. Ihre eigenen Räume waren hierfür zu klein. Galt ein Besuch Frau Sotier selbst, so achtete die Kronprinzessin darauf, dass sie mit dem Rücken zur Tür saß, um nicht gleich gesehen zu werden. So gab sie den Gästen die Gelegenheit, zuerst die Dame des Hauses zu begrüßen.

Allmählich gelang es der Kronprinzessin, ihren Optimismus wiederzufinden. Konzertbesuche der Bamberger Philharmoniker und Familienbesuche gaben ihr neue Kraft. Gelegentlich suchte sie den Kronprinzen auf, der in ein kleines Haus in Hechingen am Fuße der Burg Hohenzollern gezogen war und dort zurückgezogen lebte.

Die Ehe des einstigen Thronfolgerpaares galt seit vielen Jahren als gescheitert. Dieses Zerwürfnis wurde nun auch nach außen dokumentiert, als Wilhelm nach dem Krieg in Hechingen und Cecilie in Bad Kissingen Zuflucht fanden. Der Kronprinz umgab sich, nachdem ihn seine langjährige Freundin Gerda Puhlmann verlassen hatte, mit der 34-jährigen Österreicherin Stefanie Ritl. Doch im November 1948 unternahm das Kronprinzenpaar seit langem wieder eine gemeinsame Reise. In der Nähe des Schweizer Wintersportortes Sils Maria mieteten sie die komfortable Villa Mira Margna.

Die letzten Tage des Jahres 1949 verbrachte die Kronprinzessin zusammen mit ihrem Sohn Hubertus im Hause des Kronprinzen in Hechingen. Es wurde gleichzeitig ein Abschiedsfest. Der Prinz plante, künftig als Landwirt in Afrika zu leben, hier wollte er für seine Familie eine neue Existenz aufbauen. Sein Bruder Friedrich hatte die ehemaligen kaiserlichen Farmen „Dickdorn" und „Kosis" in der früheren deutschen Kolonie „Deutsch-Südwest-Afrika" erworben. Nur wenige Monate nach seiner Abreise erhielt seine Gemahlin die Nachricht, dass ihr Mann am Blinddarm operiert worden war. Sie reiste sofort nach Windhuk, um Hubertus zu sehen. Zwei Tage später, am 8. April 1950, starb er im Alter von nur 40 Jahren an einer Bauchfellentzündung. Die Kronprinzessin hielt sich mit ihrer Schwester in Lugano auf, als ihr die Todesnachricht überbracht wurde. Cecilie hatte innerhalb eines Jahrzehnts ein weiteres Kind verloren. Die Witwe des Prinzen Hubertus verzichtete auf eine Übersiedlung nach Afrika und blieb mit ihren beiden Töchtern in Deutschland.

Im Frühjahr 1951 verschlechterte sich der Gesundheitszustand des Kronprinzen drastisch. Im Mai hatte ihn die Kronprinzessin noch einmal in Hechingen besucht. Ihrer Schwägerin Victoria Luise schrieb sie: „Ich konnte die Tränen nicht zurückhalten. Er sah verfallen, deprimiert und unendlich müde aus."[5]

Am 20. Juli 1951 starb der Kronprinz im Alter von 69 Jahren. Die Kronprinzessin war von einem Konzertbesuch in die Villa Sotier zurückgekehrt und hatte sich bereits zu Bett gelegt, als ihr Frau Sotier die Todesnachricht

Anlässlich des Todes des Kronprinzen auf der Burg Hohenzollern, 21. Juli 1951.

überbrachte. In den frühen Morgenstunden des nächsten Tages fuhr Cecilie nach Hechingen, um vom Kronprinzen Abschied zu nehmen. Sie sah ihn aufgebahrt in seinem Schlafzimmer, gekleidet in die Uniform seiner geliebten Danziger Leibhusaren. Am 26. Juli fand die Trauerfeier und anschließende Beisetzung des Kronprinzen auf der Burg Hohenzollern statt. Hunderte von Kränzen, darunter der Kranz der Kronprinzessin mit 400 gelben Rosen, säumten den Grafensaal und die Christuskapelle der Burg. Die tief verschleierte Kronprinzessin betrat an der Seite ihres Sohnes Louis Ferdinand den Saal. Nach der Feier setzte sich der

113

Zug in Richtung St.-Michaels-Bastei in Bewegung. Hier wurde der Kronprinz nach seinem Wunsch zur letzten Ruhe gebettet. Gleichzeitig wurde die Urne seines in Afrika verstorbenen Sohnes Hubertus beigesetzt. Unmittelbar nach der Beisetzung verließ Cecilie gemeinsam mit ihrer jüngsten Tochter die Burg Hohenzollern.[6]

Während ihrer letzten Lebensjahre wurde das Andenken an den Kronprinzen zu einem Lebensinhalt Cecilies. Vergessen schienen die Verletzungen und Enttäuschungen dieser Ehe. Im Jahr 1952 publizierte sie ihre sehr idealisierten „Erinnerungen an den deutschen Kronprinzen".[7]

Nur vier Monate nach dem Tode ihres Mannes erlitt Cecilie einen ersten Schlaganfall. Die Strapazen der zurückliegenden Jahre und die Nachkriegssorgen, die sie mit den meisten Deutschen teilte, hatten ihre Gesundheit stark geschwächt. Im Januar 1952 begab sie sich zu einem Kuraufenthalt in das Sanatorium Ebenhausen im Isartal. Die Kronprinzessin erholte sich langsam, die leichte Lähmung der linken Körperhälfte begann sich zu bessern, das Laufen bereitete hingegen Schwierigkeiten. Von nun an war sie auf die Hilfe eines Gehstockes angewiesen.

Trotz der gesundheitlichen Probleme reiste die Kronprinzessin im Mai 1952 in Begleitung ihrer ältesten Enkeltochter Felicitas[8] nach England. Ihr Sohn Friedrich war nach zwei Söhnen Vater einer Tochter geworden und hatte seine Mutter gebeten, die Patenschaft zu übernehmen. Am 23. Mai wurde die Prinzessin in der Dorfkirche von Pyrford, Surrey, auf den Namen Victoria Marina Cecilie getauft. Höhepunkt der Reise war allerdings eine Einladung der britischen Königinmutter Mary. Die Witwe Georgs V., die am 26. Mai ihren 85. Geburtstag beging, bat die frühere deutsche Kronprinzessin in ihren Wohnsitz Marlborough House zum Tee. Beide Damen hatten trotz aller politischen Umbrüche der letzten Jahrzehnte den Kontakt nie ganz aufgegeben. Als Mary 1911 in der Westminster Abbey zur Königin gekrönt wurde, hatte das deutsche Kronprinzenpaar den Kaiser bei den Festlichkeiten vertreten. Unbemerkt von der Öffentlichkeit, wurde es für Cecilie eine Reise in die Vergangenheit. Beide Damen hatten sich im Jahre 1913 zum letzten Mal gesehen, als Mary in Berlin an der Hochzeit der Kaisertochter Victoria Luise teilnahm.

Unmittelbar nach ihrer Rückkehr aus England beschäftigte sich Cecilie intensiv mit der Einrichtung ihres neuen Hauses. Ihre Wohnsituation hatte sich seit 1945 kaum gebessert. Noch immer lebte sie in den beiden bescheidenen Räumen. Der Kronprinz hatte sich stets bemüht, einen geeigneten Wohnsitz für seine Gemahlin zu finden. Erst nach der Währungsreform 1948 konnten die Pläne verwirklicht werden. Allerdings vergingen noch einmal zwei Jahre, bis ein geeignetes Objekt gefunden werden konnte. Auf dem Frauenkopf, einer waldreichen Gegend am Rande Stuttgarts, wurde im

Frühjahr 1950 ein Grundstück angekauft. Die Bauarbeiten begannen im April 1951, drei Monate später verstarb der Bauherr Kronprinz Wilhelm. Die Arbeiten gerieten ins Stocken und ruhten über Monate. Im Juli 1952 konnte die Kronprinzessin dann endlich das Haus beziehen.[9]

Von außen wirkt das Haus sehr schlicht. Der zentrale Wohnbereich liegt im Obergeschoss, dazu gehören ein Arbeits- und ein Speisezimmer sowie der Salon der Kronprinzessin. Die Räume sind hell und großzügig geschnitten, der Boden ist mit Parkett ausgelegt. Bei der Aufteilung ihres privaten Wohnbereiches sind Parallelen zu Schloss Cecilienhof unverkennbar. Vom Schlafzimmer konnte Cecilie sowohl in ihr Ankleidezimmer, als auch in das Badezimmer gelangen. Auf besonderen Wunsch der Kronprinzessin verfügt das Badezimmer, wie in ihrem Potsdamer Heim, über eine in den Fußboden eingelassene Badewanne.[10]

Die Kronprinzessin war glücklich, nun endlich nach sieben Jahren Provisorium über ein eigenes Heim zu verfügen. Cecilie hatte bewusst die baden-württembergische Landeshauptstadt als Wohnort gewählt. Zum einen lebte der Kronprinz im nur eine Autostunde entfernt liegenden Hechingen, zum anderen wohnte sie nun wieder in der Nähe einer Großstadt, deren kulturelles Angebot sie bequem nutzen konnte.

Im Herbst 1952 fand auf der Burg Hohenzollern ein großes gesellschaftliches Ereignis statt. Auf Veranlassung des Prinzen Louis Ferdinand wurden die Sarkophage der preußischen Könige Friedrich Wilhelms I. und Friedrichs des Großen aus der Elisabethkirche in Marburg auf die Burg Hohenzollern umgebettet. Der Festakt fand am 14. September in Anwesenheit von 300 Gästen statt, darunter Bundestagspräsident Hermann Ehlers, Bundesinnenminister Robert Lehr und Ministerpräsident des Landes Baden-Württemberg Reinhold Maier.[11] Deutlich war zu spüren, dass die Öffentlichkeit dem Haus Hohenzollern wieder stärkeres Interesse entgegenbrachte, was sich auch in zahlreichen Illustrierten-Beiträgen zeigte.

Das Jahr 1952 endete mit einem weiteren Schicksalsschlag. Am 28. Dezember starb Cecilies Schwester, die dänische Königinmutter Alexandrine, im Alter von 72 Jahren in Kopenhagen. Dieser Tod traf Cecilie besonders hart, da sich beide während all der Jahre ihre tiefe Verbundenheit erhalten hatten. Der Kronprinzessin fehlte die Kraft, an der Beisetzung teilzunehmen, die am 3. Januar 1953 im Dom zu Roskilde stattfand.[12]

Die nächsten Monate verbrachte Cecilie zurückgezogen in ihrem neuen Haus. Ihr war es nicht mehr vergönnt, die für sie positive wirtschaftliche Wende zu genießen. Das Jahr 1953 war gekennzeichnet von gesundheitlichen Problemen, die sie weit über ihre Jahre gealtert scheinen ließen. Das Gehen bereitete ihr zunehmend Probleme. Als im Oktober 1953 eine

Feierstunde aus Anlass der Städtepartnerschaft Hechingen – Oels stattfand, wollte sie unbedingt teilnehmen. Viele der ehemaligen Einwohner der Stadt Oels waren nach Hechingen gekommen, um dem Festakt beizuwohnen. Im Sitzungssaal des Rathauses hielt die Kronprinzessin eine kurze Ansprache. Sie dankte den Bürgern der Stadt Hechingen für den Entschluss, die Patenschaft zu übernehmen, und fügte hinzu, „ein Schatten liegt über diesem Fest!" Sie gedachte ihres Mannes, der diesem Ereignis nicht mehr beiwohnen konnte. Ihre Worte waren bedächtig, sie sprach langsam, nur zögernd konnte sie den Gästen danken, „herzlich und bewegt und immer wieder rannen Tränen über ihre Wangen."[13]

Im Frühjahr 1954 hatte die Kronprinzessin von Frau Anna Sotier eine Einladung erhalten, gemeinsam mit ihr und ihrer Tochter Elisabeth das Osterfest zu verbringen. Am 7. April traf Cecilie in Bad Kissingen ein.[14] Begleitet wurde sie von Hermann Wölk, dem alten Kammerdiener des Kronprinzen, und ihrer Zofe Klara Maria Färber. Die Kronprinzessin bewohnte in der Villa Sotier dieselben Zimmer, in denen sie nach dem Kriege Unterkunft gefunden hatte. Die ersten warmen Frühlingstage verbrachte Cecilie auf dem Seehof, dem idyllischen Landgut der Familie Sotier. Da ihr das Gehen schwer fiel, hatte Wölk vom Forstmeister die Geneh-

migung erhalten, den Wagen über enge Waldwege zu chauffieren. Am 1. Mai, einem Sonntag, unternahm Cecilie einen Ausflug nach Königshofen und äußerte den Wunsch, bald wieder nach Hause zurückzukehren. Sie wollte wie im Jahr zuvor am Geburtstag des Kronprinzen, dem 6. Mai, ein weißes Nelkenkreuz

In diesem Bett starb Kronprinzessin Cecilie am 6. Mai 1954.

auf seinem Grab niederlegen.[15] Doch bereits am nächsten Tag verschlechterte sich ihr Gesundheitszustand zusehends. Elisabeth Sotier hatte beim Mittagessen bemerkt, dass Cecilie „die Speisen an den Rand des Tellers legte, plötzlich fiel ihr Mund runter, ich musste ihr helfen vom Stuhl aufzustehen, langsam gingen wir auf den Balkon, sie setzte sich."[16] Sofort wurde Dr. Werner Dissé, der Hausarzt der Kronprinzessin, benachrichtigt. Er diagnostizierte einen zweiten Schlaganfall, hinzu kamen akute Kreislaufstörungen. Am 3. Mai trat eine schwere Lungenentzündung hinzu, die den Körper zusätzlich schwächte. Hofrat Arenhövel benachrichtigte sogleich die Familie. Prinz Louis Ferdinand und seine Gemahlin Kira trafen ein. Am nächsten Tag erschien aus England Prinz Friedrich. Am Abend des 5. Mai verlor Cecilie das Bewusstsein, sie verstarb in den frühen Morgenstunden des 6. Mai, im Alter von 67 Jahren[17] – es war der Geburtstag des Kronprinzen.

Der Sarg mit ihrer sterblichen Hülle wurde zwei Tage im Salon der Villa Sotier aufgebahrt. Am 8. Mai verließ Cecilies Sarg unter dem Geläut der Kirchenglocken die Stadt, in der sie neun Jahre zuvor als Flüchtling Aufnahme gefunden hatte. Auf dem Weg nach Hechingen stellten Beamte der Bundesländer Bayern und Baden-Württemberg eine Ehreneskorte. Bis zur Beisetzung fand der Sarg in der Christuskapelle zwischen den Särgen Friedrich Wilhelms I. und Friedrichs des Großen Aufstellung. Prinz Louis Ferdinand hatte nach dem Ableben seiner Mutter eine Familientrauer von sechs Wochen angeordnet.[18] Die Königshäuser Europas wurden über den Tod der letzten deutschen Kronprinzessin in Form eines persönlichen Telegramms des Hohenzollernchefs benachrichtigt.[19]

Als sich in den Mittagsstunden des 12. Mai etwa 150 Vertreter aller ehemals regierenden deutschen Fürstenhäuser zur Trauerfeier im Grafensaal der Burg Hohenzollern versammelten, war die Hausflagge der preußischen Familie auf dem Burgturm Halbmast gesetzt. Die Bundesregierung war durch Bundespostminister Siegfried Balke und Finanzminister Walter Frank vertreten. Zu beiden Seiten des Altars hatte die Familie Platz genommen, als einziger Vertreter eines regierenden Königshauses war der dänische Erbprinz Knud zur Beisetzung erschienen. Generalkonsul Gilchrist vertrat die britische Königsfamilie. Die Zahl der Beileidstelegramme ging in die Hunderte. Bundespräsident Theodor Heuss und Bundeskanzler Konrad Adenauer bezeugten mit einem Kondolenzschreiben ebenfalls ihre Anteilnahme. Eine große Anzahl von Kränzen war auf der Burg eingetroffen, darunter ein letzter Gruß des russischen Großfürsten Wladimir und ein Lorbeerkranz des Hechinger Bürgermeisters. „In Dankbarkeit und Verehrung – Zollerstadt Hechingen, Patenstadt von Oels",[20] war auf der Schleife zu lesen. Nach dem Ende des Festaktes begab sich die fürstliche Trauergemeinde über den Burghof zur St. Michaels-Bastei. Den Leichenkondukt führten sechs Forstbeamte des fürstlichen Forstamtes Hechingen, das Bahrtuch trugen vier preußische Prinzen. In langem Zug folgten die Angehörigen, an ihrer Spitze Prinz Louis Ferdinand und das dänische Erbprinzenpaar. Die Beisetzung erfolgte neben dem drei Jahre zuvor verstorbenen Kronprinzen. Am offenen Grab sprach Pfarrer Machholz Gebet und Segen, während der Hohenfriedberger Marsch erklang.[21]

Cecilie, die letzte Kronprinzessin des deutschen Reiches und von Preußen, ruht nun auf jener Burg, von der einst der Aufstieg der Hohenzollern im Jahre 1415 durch die Belehnung Kaiser Sigismunds mit der Mark Brandenburg ihren Anfang nahm. Nach Erlangung der Königswürde 1701 konnte das Haus Hohenzollern seine Rangerhöhung mit der Kaiserproklamation 1871 fortsetzen. Vom Gipfel der Macht war das einst so bedeutende Geschlecht nun wieder an seinen Ausgangspunkt zurückgekehrt.

Ausflug mit der Familie des Prinzen Louis Ferdinand. Sulzthal, Sommer 1945.
Nach der Flucht aus Potsdam lebte die Kronprinzessin mit der Familie ihres Sohnes Louis Ferdinand für ein halbes Jahr gemeinsam in der Villa Sotier. Ein Ausflug führte sie in die kleine Gemeinde Sulzthal im Landkreis Bad Kissingen.

Zu Besuch bei Prinzessin Alexandrine. Starnberg, Frühjahr 1946.
Kronprinzessin Cecilie ist nach Starnberg gereist, um ihre älteste Tochter zu besuchen. Alexandrine lebt seit 1936 mit ihrer Pflegerin Erika Streckner (r.) in Niederbayern. Otto Groha (l.) hat Cecilie mit seinem Wagen nach Bayern chauffiert. Erst ein halbes Jahr zuvor sind sich die Kronprinzessin und Groha zum ersten Mal begegnet. Bis zum Tode der Kronprinzessin bleiben sie eng befreundet. Das Haus Hohenzollern steht dieser ungleichen Verbindung jedoch skeptisch gegenüber.

*Bad Kissingen, Villa Sotier.
Hinter der Villa Fürstenhof befindet sich das Wohnhaus der Familie Sotier. Die Kronprinzessin bewohnt dort von 1945 bis 1952 zwei einfach eingerichtete Zimmer. Beide Wohnräume liegen im Erdgeschoss, die beiden Fensterachsen links neben dem Balkon gehören zu ihrem Wohnzimmer, dahinter liegt das Schlafzimmer der Kronprinzessin.*

*Baad (Österreich), Kleines Walsertal, 1945.
In dieser Jagdhütte erlebt der Kronprinz die letzten drei Kriegsmonate. Am 17. Januar 1945 hat er sich von Potsdam aus zu einem vierwöchigen Kuraufenthalt ins bayerische Oberstdorf begeben. Da nach dem Ende der Kur eine Rückkehr nach Potsdam unmöglich geworden ist, bezieht er auf Einladung von Baron Bockelsberg die Jagdhütte im Kleinen Walsertal.*

120

Kronprinz Wilhelm mit Gerda Puhlmann, 1946.
Der Kronprinz hat Mitte der Dreißigerjahre in der
Berliner Scala die blonde, überaus attraktive Gerda
Puhlmann kennen gelernt. Ein Jahrzehnt lang ist
sie seine Favoritin. Die 32-jährige Puhlmann verlässt zwei Jahre nach Kriegsende den Kronprinzen.
Der enorme Verlust an Land- und Immobilienbesitz des Hauses Hohenzollern nach 1945 ist wohl
einer der Gründe für die Trennung.

Kronprinz Wilhelm mit Steffi Ritl. Burg Hohenzollern,
1950.
Nach der Trennung von Gerda Puhlmann tritt die Österreicherin Steffi Ritl an deren Stelle. Wilhelm hat sie bereits 1935
kennen gelernt und nach Cecilienhof kommen lassen. Bis
zum Tode des Kronprinzen führt sie seinen Haushalt in Hechingen, offiziell fungiert sie als seine Sekretärin.

Schweiz, Sils Maria, April 1949.
Das Kronprinzenpaar entspannt sich in der warmen Mittagsson-
ne. Cecilie berichtet dem Kronprinzen von einer Zusammenkunft
mit Clyde K. Harris, ihrem zukünftigen Schwiegersohn. Sie hat
ihn kurz zuvor in Saglio (Graubünden) getroffen.

Hochzeit der Prinzessin Cecilie. Burg Hohenzollern, Grafensaal, 21. Juni 1949.
Mr. Hagy, der Bürgermeister von Amarillo/Texas, prostet dem Brautpaar zu. Die 31-jährige Braut und ihr
ein Jahr jüngerer Ehemann, der amerikanische Innenarchitekt Clyde K. Harris, haben sich nach dem Krieg
im hessischen Schloss Wolfsgarten kennen gelernt. Nach der Eheschließung leben sie in Amarillo. 1954 wird
Tochter Kira geboren, bereits vier Jahre später stirbt Harris an den Folgen einer Blutvergiftung.

Das Wohnzimmer der Kronprinzessin. Bad Kissingen, Villa Sotier, 1950.

Die gutbürgerliche Zimmereinrichtung lässt nicht auf seine fürstliche Bewohnerin schließen. Einzig das Gemälde der Königin Luise von Elisabeth Vigée-Lebrun nimmt Bezug auf den königlichen Glanz vergangener Tage. Sämtliches Mobiliar ist Eigentum der Familie Sotier.

Das Schlafzimmer der Kronprinzessin. Bad Kissingen, Villa Sotier, 1950.

In den ersten beiden Jahren nach dem Weltkrieg nutzt Cecilie ihr Wohnzimmer auch als Schlafraum. Erst nachdem im August 1947 die Mutter von Anna Sotier gestorben ist, erhält sie deren Schlafzimmer.

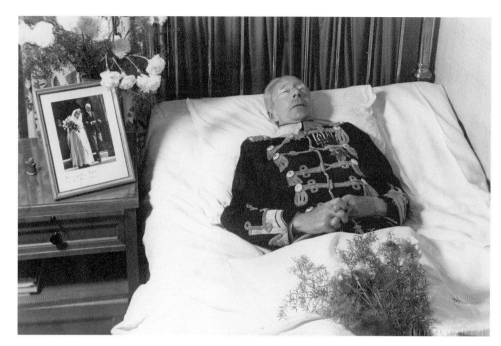

Kronprinz Wilhelm auf dem Totenbett. Hechingen, Fürstenstraße 16, 20. Juli 1951.
Kronprinz Wilhelm stirbt in der Nacht zum 20. Juli im Alter von 69 Jahren an den Folgen eines zweiten Herzanfalls. Er wird in der Uniform seiner geliebten Danziger Leibhusaren aufgebahrt und sechs Tage später beigesetzt. Auf dem Nachttisch steht das Hochzeitsfoto seiner Tochter Cecilie.

Hechingen, Fürstenstrasse 16, 21. Juli 1951.
Eine große Menschenmenge hat sich vor dem Haus Fürstenstraße 16 versammelt, als der Sarg mit den sterblichen Überresten des Kronprinzen aus dem Haus getragen wird. Die Preußenfahne im Garten weht auf Halbmast. Graf Hardenberg, der Generalbevollmächtigte des Hauses Hohenzollern (mit dem Rücken zum Betrachter) erweist seinem verstorbenen Herrn die letzte Ehre, links an der Mauer Otto von Müller, der ehemalige Oelser Hofkammerpräsident. Links neben dem geöffneten Wagen des Bestattungsinstitutes steht Hermann Wölk, der Kammerdiener des Verstorbenen.

Burg Hohenzollern, St. Michaels-Bastei,
21. Juli 1951.
Einen Tag nach dem Tod des Kronprin-
zen ist Cecilie gemeinsam mit ihrem Sohn
Louis Ferdinand auf die Burg Hohenzol-
lern gekommen, um den genauen Ort fest-
zulegen, an dem die sterblichen Überreste
ihres Gemahls beigesetzt werden sollen. V.
l. Hermann Wölk, Carl-Hans Graf von
Hardenberg, Kronprinzessin Cecilie,
Prinz Louis Ferdinand, Otto Groha,
Oskar Berndt. Am linken äußeren Bild-
rand ist die Graburne des 1950 verstorbe-
nen Prinzen Hubertus zu sehen.

Beisetzung des Kronprinzen. Burg Hohenzollern, 26. Juli 1951.
Otto von Müller, der ehemalige Hofkammerpräsident von Oels, trägt das
Kissen mit den Orden des Kronprinzen. Den Kranz der Kronprinzessin mit
400 gelben Rosen trägt Hermann Wölk, seit 1911 Kammerdiener des Ver-
storbenen.

Trauerfeier für den verstorbenen Kronprinzen. Burg Hohenzollern, Grafensaal, 26. Juli 1951.
Vor der Beisetzung des Kronprinzen findet im Grafensaal der Burg die Trauerfeier statt. Herzog Ernst August von Braunschweig, der Ehemann der Kaisertochter Victoria Luise, möchte seiner Schwägerin behilflich sein, doch scheint sie ihn nicht wahr zu nehmen. Großfürst Wladimir von Russland (rechts im Hintergrund), nimmt als Vertreter des Hauses Romanow an dem Festakt teil.

Der Trauerzug auf dem Burghof, 26. Juli 1951.
Nach der Trauerfeier begeben sich die Mitglieder des Hauses Hohenzollern zum neuen Begräbnisplatz der Familie, dem Offiziersgarten auf der St. Michaels-Bastei. Prinz Louis Ferdinand führt mit seiner Mutter den Trauerzug an. An seiner Spitze trägt Prinz Friedrich die Urne seines im Jahr zuvor verstorbenen Bruders Hubertus. Neben der Kronprinzessin Burgverwalter Oskar Berndt, dahinter ihre Zofe Mathilde Rieger.

*Am Grabe des Kronprinzen. Burg Hohenzollern, St. Mi-
chaels-Bastei, 26. Juli 1951.*
*Tief verschleiert nimmt die trauernde Kronprinzessin Ab-
schied von ihrem Gemahl. Mit einem Strauß weißer Nel-
ken, ihren Lieblingsblumen, erweist sie dem Kronprinzen
einen letzten Gruß.*

Besuch der Bayreuther Festspiele, August 1951.
Die Kronprinzessin ist in Begleitung ihrer Tochter Cecilie nach Bayreuth gekommen, um an den Wagner-Festspielen teilzunehmen. Sie werden vom neuen Festspielleiter Wieland Wagner (r.) und seiner Gemahlin Gertrud begrüßt. Erst drei Wochen zuvor ist Kronprinz Wilhelm verstorben, daher tragen beide Damen schwarz.

Überführung der Preußenkönige auf die Burg Hohenzollern, 14. September 1952. Anlässlich der Überführung von der Marburger Elisabethkirche auf die Burg Hohenzollern findet im Grafensaal ein Festakt statt. Die Hohenzollernfamilie begibt sich anschließend in die evangelische Christuskapelle, hier haben die Särge von Friedrich Wilhelm I. und Friedrich dem Großen ihre Aufstellung gefunden. V. r. Prinz Michael, Prinz Friedrich Wilhelm, Prinz Louis Ferdinand, Kronprinzessin Cecilie, Prinzessin Kira, dahinter Graf Gessler.

Kronprinzessin Cecilie mit ihren acht ältesten Enkelkindern. Burg Hohenzollern, 14. September 1952.

Die Überführung der Preußenkönige auf die Zollernburg gab Anlass für eines der selten gewordenen großen Familientreffen. Die Kinder der Kronprinzensöhne Wilhelm, Louis Ferdinand und Hubertus haben sich gemeinsam mit ihrer Großmutter zu einem Gruppenbild versammelt. Das Gemälde im Hintergrund von dem Berliner Maler Wilhelm Barth zeigt das Potsdamer Marmorpalais. Der prunkvolle klassizistische Bau ist die offizielle Sommerresidenz des Kronprinzenpaares gewesen. Cecilie hat hier in den Jahren von 1905 bis 1917 residiert.

V. l.: Kira, Michael, Marie Cécile, Christa, Felicitas, Friedrich Wilhelm; neben der Kronprinzessin Marie Christine, Anastasia.

Taufe in England. Surry, Pyrford, 23. Mai 1952.

Als Prinz Friedrich 1952 nach zwei Söhnen Vater einer Tochter wird, bittet er seine Mutter, die Patenschaft zu übernehmen. Die Kronprinzessin reist in Begleitung ihrer Enkeltochter Felicitas nach Großbritannien. Höhepunkt der Reise ist allerdings ein Besuch bei Königinmutter Mary in deren Londoner Residenz Marlborough House. Beide Damen haben sich 1913 bei den Hochzeitsfeierlichkeiten der Kaisertochter Victoria Luise zum letzten Mal gesehen. V. l. Rupert 2. Earl of Iveagh, Kronprinzessin Cecilie, Herzogin Marina von Kent mit dem Täufling Victoria, Prinz Vsevolod von Rußland, Prinzessin Brigid, Prinz Friedrich, davor die Prinzen Friedrich Nicholas (l.) und Andreas.

Der letzte Wohnsitz der Kronprinzessin. Stuttgart, Frauen-
kopfstr. 12, Herbst 1952.
Sieben Jahre hat die Kronprinzessin in beengten Verhältnissen
in Bad Kissingen gewohnt. Erst im Juli 1952 kann sie das
Landhaus Frauenkopf am Rande Stuttgarts beziehen. Das
Haus, ein Bau des Stuttgarter Architekten Schall, ist inner-
halb von zwei Jahren errichtet worden.

Landhaus Frauenkopf, Blick in das Kaminzimmer.
Der beherrschende Wandschmuck dieses Raumes ist ein kost-
barer Wandteppich aus dem 18. Jahrhundert. Die Tapisserie
gehört zur fünfteiligen „Porte de Fleurs"-Serie. Einst sind die
Gobelins als Geschenke der russischen Zarin Katharina II. an
den preußischen Hof gekommen und haben zur Ausstattung
des Schlosses Rheinsberg gehört.

130

Letztes offizielles Foto der Kronprinzessin, 1952.
Zwei Jahre vor ihrem Tode ist im Hechinger Atelier Keidel-Daiker die letzte offiziel-
le Aufnahme Cecilies entstanden. Bedauerlicherweise ist das Foto stark retuschiert wor-
den. Die natürliche Ausstrahlung der 65-jährigen geht dabei völlig verloren, so dass die
Aufnahme starr und plastisch wirkt.

Mit „Hofrat" Otto Groha. Stuttgart, Landhaus Frauenkopf, um 1953.
Nach dem Zweiten Weltkrieg lernt die Kronprinzessin
den Schweinfurter Otto Groha kennen. Der 28 Jahre
jüngere Groha gewinnt bald das uneingeschränkte Vertrauen der Kronprinzessin und wird zu einem unverzichtbaren Begleiter ihrer letzten Lebensjahre. Nach dem
Tode des Kronprinzen ernennt ihn Cecilie zum „Hofrat". Auf dem Sofa neben der Kronprinzessin hat seine
Tochter Platz genommen.

Konzert der Prinzessin Kira von Preußen-Stiftung. Burg
Hohenzollern, Grafensaal, September 1953.
Kronprinzessin Cecilie nimmt am Wohltätigkeitskonzert
zugunsten der Prinzessin Kira von Preußen-Stiftung teil.
Die karitative Organisation, die erst im Jahr zuvor gegründet worden ist, ermöglicht Kindern aus Berlin einen Ferien-
aufenthalt auf der Burg Hohenzollern. An dem Konzert
nimmt auch die seit vier Jahren in den USA lebende Tochter
der Kronprinzessin, Mrs. Cecilie Harris, teil. V. l. Kronprinzessin Cecilie, Fürstin Margarete von Hohenzollern,
Fürst Friedrich Wilhelm von Hohenzollern, Mrs. Cecilie
Harris.

Burg Hohenzollern, Grafensaal, September 1953.
Nach dem Konzert wird die Kronprinzessin von ihren beiden ältesten Enkelsöhnen, Friedrich Wilhelm (l.) und Michael durch den Grafensaal geleitet. Das Gehen bereitet der 66-jährigen zunehmend Probleme.

Zu Besuch bei der Großmutter. Stuttgart, Landhaus Frauenkopf, 1953.
Prinzessin Felicitas, älteste Tochter des im Zweiten Weltkrieg gefallenen Prinzen Wilhelm, gehört zu den ersten Besuchern in Stuttgart. Das neue Haus der Kronprinzessin verfügt über zwei Gästequartiere, in denen Cecilie ihre Familie und enge Freude bequem unterbringen konnte. Ein Komfort, der in Bad Kissingen nicht möglich war.

Patenschaftsübernahme zwischen den Städten Hechingen und Oels. Hechingen, Rathaus, 24. Oktober 1953.
Als Ehrengast nimmt die Kronprinzessin gemeinsam mit ihrem Sohn Louis Ferdinand und seiner Gemahlin Kira an der Feierstunde anlässlich der Patenschaftsübernahme zwischen den Städten Hechingen und Oels teil. Rechts neben der Kronprinzessin hat der 79-jährige Fürst Hermann von Hatzfeldt Platz genommen. Seit fast einem halben Jahrhundert ist Cecilie mit den Hatzfelds befreundet. Während der Kronprinzenhochzeit im Jahr 1905 hatte der Fürst das Amt des Mundschenks inne. Dessen Aufgabe besteht darin, der Kronprinzessin an der Hochzeitstafel im Berliner Schloss den Wein einzuschenken.

Letzter öffentlicher Auftritt der Kronprinzessin. Rathaus Hechingen, 24. Oktober 1953.
Im Sitzungssaal des Hechinger Rathauses hält die Kronprinzessin eine kurze Ansprache. Sie dankt den Bürgern der Stadt Hechingen für den Entschluss, die Patenschaft zu übernehmen und fügt hinzu, dass „ein Schatten über diesem Fest" liege. Sie gedenkt damit ihres verstorbenen Mannes, der diesem Ereignis nicht mehr beiwohnen kann. Ihre Worte sind bedächtig, sie spricht langsam, nur zögernd kann sie den Gästen danken. „Herzlich und bewegt und immer wieder rannen Tränen über ihre Wangen", bemerkt die Presse.

Kronprinzessin Cecilie mit dem Porträt der Königin Luise. Stuttgart, Landhaus Frauenkopf, März 1954.
Das berühmte Bildnis der Königin Luise von Elisabeth Vigée-Lebrun gehört zu den wenigen kunsthistorisch bedeutenden Kunstwerken im Landhaus Frauenkopf. Königin Luise ist durch die Eheschließung ihrer Tochter Alexandrine die Ur-Ur-Großmutter der Kronprinzessin. Für Cecilie hat das Gemälde noch in anderer Hinsicht eine wichtige Bedeutung: Das Bild gehörte einst zum Wandschmuck des Schreibzimmers der Kaiserin Auguste Victoria im Berliner Schloss.

Kronprinzessin Cecilie und Anna Sotier. Bad Kissingen, vor der Villa Sotier, April 1954.
Am 7. April ist Cecilie nach Bad Kissingen gekommen, um gemeinsam mit der Familie Sotier das Osterfest zu verbringen. Elisabeth Sotier erinnert sich: „Im April kam die Kronprinzessin, etwas schlecht aussehend und müde." Nach einem vierwöchigen Aufenthalt in Bad Kissingen hat Cecilie bereits beschlossen, wieder nach Stuttgart zurückzukehren. Doch am 2. Mai erleidet sie einen Schlaganfall, der vier Tage später zum Tode führt.

Aussegnung der Kronprinzessin. Bad Kissingen, Villa Sotier, 8. Mai 1954.
Der Sarg der Kronprinzessin ist mit der Hohenzollernschen Hausfahne bedeckt. Zwei Tage wird ihr Leichnam im Salon der Villa Sotier aufgebahrt, bevor er am 8. Mai in die Christuskapelle der Burg Hohenzollern überführt wird. Neben dem Sarg v. l. Prinzessin Kira, Prinz Louis Ferdinand, Edelgarde Raehse, Anna Sotier.

Bad Kissingen, Villa Sotier, 8. Mai 1954.
Nach der Aussegnung des Leichnams der Kronprinzessin verlassen Prinz Louis Ferdinand und seine Gemahlin Kira die Villa. Links hinter dem Hohenzollernchef ist Anna Sotier zu erkennen.

Beisetzung der Kronprinzessin Cecilie. Burg Hohenzollern, 12. Mai 1954.
Prinzessin Dorothea, die Witwe des 1940 gefallenen Prinzen Wilhelm, ist mit ihren Töchtern Christa (l.) und Felicitas aus Bonn gekommen, um an der Trauerfeier teilzunehmen. Die 19-jährige Prinzessin Felicitas hat eine besonders enge Bindung zur Kronprinzessin gehabt, sie ist eine der häufigsten Gäste auf dem Stuttgarter Frauenkopf gewesen.

Auf dem Weg zur St. Michaels-Bastei, Burg Hohenzollern, 12. Mai 1954.
Nach der Trauerfeier, die im Grafensaal stattfand, begibt sich der Trauerzug zur neuen Grablege des Hauses Hohenzollern, der St. Michaels-Bastei. Jäger des Fürsten von Hohenzollern-Sigmaringen führen den Sarg, der mit der Kronprinzenflagge bedeckt ist, geleitet von vier preußischen Prinzen. Hermann Wölk trägt den Nelkenkranz des Prinzen Louis Ferdinand, ihm folgt Otto von Müller mit dem Ordenskissen.

Beisetzung der Kronprinzessin. Burg Hohenzollern, St. Michaels-Bastei, 12. Mai 1954.
Die Kronprinzessin findet ihre letzte Ruhestätte neben ihrem drei Jahre zuvor verstorbenen Gemahl. Links außen Prinz Friedrich Karl, im Vordergrund Hof- und Domprediger Bruno Doehring, mit dem Ordenskissen Otto von Müller, Prinz Louis Ferdinand und Prinzessin Kira.

Anhang

Anmerkungen

Kronprinzessin Cecilie in der Fotografie

[1] Das Hamburger Atelier Bieber führte seit 1890 eine Berliner Filiale in der Berliner Leipziger Straße 130. Nachdem sich der Firmeneigentümer Leonard Berlin-Bieber 70-jährig im Jahre 1911 aus dem Berufsleben zurückzog, ist das Berliner Haus verkauft worden. Das erfolgreiche Unternehmen ist im Hamburger Stammhaus von seinem Sohn Emil Bieber (1878–1962) weitergeführt worden. Vgl. Weinke, 2003, S. 38.

[2] Georg Schuster, Kronprinzessin Cecilie in mehr als einhundert Bilddokumenten, Berlin 1932.

[3] Emil Bieber wollte bereits im Januar 1936 auswandern, jedoch verhinderten Krankheiten dieses Vorhaben. Erst im Januar 1938 gelang es ihm, über London nach Südafrika zu emigrieren. Sein Atelier hatte Bieber zuvor an einen Angestellten für 4.500,– RM zwangsverkauft. Vgl. Weinke, 2003, S. 44.

[4] Der Fotograf Franz Langhammer ist 1939 gestorben, seine Witwe zog 1942 zu ihrer Tochter nach Frankfurt/Main. Das Atelier ist vermutlich bei dem schweren Luftangriff auf Kassel am 22. 10. 1943 untergegangen. (Freundlicher Hinweis von Herrn Klaube, Stadtarchiv Kassel).

[5] Siehe Katalog: Der Kaiser im Bild. Wilhelm II. und die Fotografie als PR-Instrument, Amsterdam 2002, S. 68, 150f.

[6] Ursula Blau (1904–1963) führte seit 1936 ein Atelier in der Spandauer Straße 6 in Potsdam. 1940 heiratete Ursula Blau in Berlin Hans Joachim (1904-1966, Scheidung 1947). Die erfolgreiche Fotografin hat sich nach 1945 in Essen niedergelassen; laut Essener Adressbuch der Jahre 1950 bis 1963 hat sie jedoch kein Atelier mehr geführt. (Freundlicher Hinweis von Claudia Holtermann, Stadtarchiv Essen).

[7] Neue Illustrierte, Nr. 31, vom 1. 8. 1951.

1886–1918:
Cecilie – eine Mecklenburger Fürstentochter wird Deutschlands Kronprinzessin

1 MLHA, Hofmarschallamt, Nr. 2583.

2 Steinmüller, o. J., S. 6.

3 Cecilie, 1930, S. 72.

4 Mecklenburg, 2003, S. 62.

5 Mündlicher Hinweis von Dr. Louis Ferdinand Prinz von Preußen vom 3. 3. 1993; vgl. Meldeblatt für die polizeiliche Registrierung und die Ausstellung einer deutschen Kennkarte vom 19. 6. 1946, Einwohnermeldeamt Bad Kissingen.

6 GStAPK, I. HA, Rep. 89 (2.2.1.), Nr. 3102. Friedrich von Lucanus an Wilhelm von Wedel vom 4. 9. 1904.

7 Der Staatswagen wurde im Auftrag König Friedrich Wilhelms II. 1789 in Strassbourg hergestellt. Es handelte sich dabei um die prunkvollste Karosse des preußischen Hofes. Königin Luise (1776-1810) war die erste, die 1793 als Braut eines Hohenzollern mit dieser Galakutsche nach Berlin „eingeholt" wurde. 1945 schwer beschädigt, wird die Kutsche gegenwärtig restauriert.

8 Eine der Töchter der Königin Luise war Prinzessin Alexandrine (1803-1892). Sie heiratete 1822 Großherzog Paul Friedrich von Mecklenburg-Schwerin (1800-1842). Paul Friedrich war der Urgroßvater der Kronprinzessin Cecilie.

9 Der Orden war die höchste Auszeichnung für die weiblichen Mitglieder des Hauses Hohenzollern. Alle preußischen Prinzessinnen waren Trägerinnen dieses Ordens. Die Gemahlinnen der Prinzen erhielten den Orden am Tage ihrer Hochzeit.

10 HdvrPK, Rep. 14 A; MLHA Großherzogliches Kabinett III, Nr. 709.

11 HdvrPK, Rep. 14 A, Der Tag vom 6. 6. 1905. Das Diadem hatte den beachtlichen Wert von 30.000 Mark. Die Preziose ist nach einem Entwurf des Kronprinzen im Atelier des Hofjuweliers Gebrüder Friedländer in Berlin, Unter den Linden, gearbeitet worden.

12 HdvrPK, Rep. 14 A, Der Tag vom 6. 6. 1905.

13 Jonas, 1962, S. 58.

14 Cecilie, 1930, S. 207.

15 Jonas, 1962, S. 76.

16 GStAPK, BPH, Rep. 54, C I 1, Der Tag, Nr. 127, 134, u. 151 vom 10. 3.,14. 3. u. 23. 3. 1911.

17 GStAPK, I. HA, Rep. 89 (2.2.1.) Nr. 2812, Kieler Zeitung vom 6. 4. 1911.

18 Wilhelm II. im Exil 1991, S. 232.

19 Marie Fürstin Radziwill (1860-1915) war die Ge-

mahlin des Fürsten Anton Radziwill, des General-Adjutanten Wilhelms I.

[20] Radziwill, 1936, S. 230.

[21] GStAPK, BPH, Rep. 54, C I 1, Der Tag, Nr. 184 vom 10. 4. 1911.

[22] Andics, 1993, S. 391ff.

[23] Keller, 1935, S. 275.

[24] GStAPK, BPH, Rep. 54, C I 1, Der Tag, Nr. 186 u. 187, vom 11. 4. u. 12. 4. 1911.

[25] Jonas, 1962, S. 93.

[26] Viktoria Luise, 1977, S. 172.

[27] Cecilie, 1952, S. 62.

[28] GStAPK, BPH, Rep. 54, S III a, Nr.1, Tagebucheintragung vom 4. 11. 1913.

[29] Ebenda, 12. 11. 1913.

[30] Ebenda, 26. 11. 1913.

[31] Ebenda, 30. 11. 1913.

[32] Ebenda.

[33] Ebenda, 13. 12. 1913.

[34] Ebenda, 1. 1. 1914.

[35] Ebenda, 21. 1. 1914

[36] Ebenda, 27. 5. 1914.

[37] FU Bibliothek, in: Sieben Tage, Illustrierte Wochenzeitung vom 7. 8. 1915.

[38] Viktoria Luise, 1977, S. 184.

[39] BLHA, Potsdamer Zeitung vom 19. 2. 1914. Die Villa wurde auch als „Helablick" bezeichnet.

[40] Jonas, 1962, S. 136f.

[41] Schwarzmüller, 1995, S. 160f.

[42] Olga (1851-1926) war eine geborene Großfürstin von Rußland.

[43] Buranow/Chrustaljow, 1994, S. 343.

1918 – 1933: „Nichts von Hass und Verbitterung trübt ihren klaren Blick für die Gegenwart"

[1] Louis Ferdinand, 1989, S. 44.

[2] HvrPK, Rep. 500f. 1.

[3] GStAPK, Preußische Gesetzessammlung 1918 (Nr. 11713).

[4] Jonas, 1962, S. 169.

[5] BLHA, Potsdamer Zeitung vom 26. 11. 1918.

[6] Stülpnagel, 1994, S. 23ff.

[7] GStAPK, BPH, Rep. 54, Nr. 37. Rudolf Presber an Kronprinz Wilhelm vom 4. 4. 1919.

[8] HdvrPK, Rep. 500f. 1, Protestresolution vom 2. 9. 1920.

[9] HdvrPK, Rep. 500f. 1, Schreiner an Otto von Müller vom 9. 9. 1920.

[10] HdvrPK, Rep. 500f. 1, Kronprinzessin Cecilie an Ministerpräsident Steigerwald vom 5. 7. 1921.

[11] HdvrPK, Rep. 500f. 1, Richter an Friedrich von Berg vom 7. 3. 1922.

[12] BAarch, N 2198/5, Bl. 19-20, Kronprinzessin Cecilie an Louis Müldner von Mülnheim vom 31. 7. 1919.

[13] Ilsemann, 1967, Bd. I, S. 263.

[14] Ebenda., S. 272.

[15] Ebenda., S. 273f.

[16] Viktoria Luise, 1977, S. 208.

[17] Ebenda., S. 216f.

1933 – 1945:
Im „Dritten Reich"

[1] Im November 1922 hatte Wilhelm II. die 35-jährige verwitwete Prinzessin Hermine von Schönaich-Carolath geheiratet.

[2] Ilsemann, 1968, Br. II., S. 155.

[3] Stribrny, 1972. Für den Hinweis auf diesen Aufsatz danke ich Herrn Kees van der Sluijs, Sliedrecht (Niederlande).

[4] Gutsche, 1991, S. 138f.

[5] Ebenda, S. 140.

[6] Ilsemann, 1968, Bd. II, S. 190f.

[7] Ebenda., S. 192.

[8] Ebenda., S. 193.

[9] GStAPK, Rep. 54, Nr. 100/1-10. Wilhelm II. an Leopold von Kleist vom 28. 3. 1931.

[10] GStAPK, Rep. 54, Nr. 100/1-10. Kronprinzessin Cecilie an Leopold von Kleist vom 30. 3. 1931.

[11] Ilsemann, 1968, Bd. II, S. 165.

[12] GStAPK, Rep. 54, Nr. 100/1-10. Bericht von Leopold von Kleist vom 8. 4. 1931.

[13] GStAPK, Rep. 54, Nr. 100/1-10. Wilhelm II. an Kronprinz Wilhelm vom 9. 4. 1931.

[14] Ilsemann, 1968, Bd. II, S. 167.

[15] GStAPK, Rep. 54, Nr. 100/1-10. Kronprinzessin Cecilie an Leopold von Kleist vom 14. 4. 1931.

[16] Ilsemann, 1968, Bd. II, S. 223.

[17] Nur Prinz Hubertus, ein Bruder des Prinzen Wilhelm, erhielt die Genehmigung, an der Hochzeit teilzunehmen.

[18] Um sich ein eigenes soziales Betätigungsfeld zu schaffen, gründete die Kronprinzessin im Jahre 1913 die „Cecilienhilfe". Die karitative Organisation setzte sich zum Ziel, jenen Menschen zu helfen, die unverschuldet in Not geraten waren. In hohen Auflagen entstanden Ansichtskarten und Porzellan mit dem Bildnis der Thronfolgerin, deren Verkaufserlös der Organisation zugute kam.

[19] Süchting-Hänger, 2002, S. 169f.

[20] Bund Königin Luise, 1933.

[21] Süchting-Hänger, 2002, S. 168.

[22] Ebenda, S. 365f.

[23] Tschirschky, 1972, S. 129.

[24] Fellner, 1953, S. 73; GStAPK, BPH, Rep. 54, Nr. 61. Nachweis bürgerlicher Vorfahren der Kronprinzessin Cecilie.

[25] HdvrPK, Kronprinzessin Cecilie an Philipp Heineken vom 23. 6. 1930.

[26] Stadtarchiv Jena. Sonderschule Trüper, Xd, Nr. 3.

[27] GStAPK, I. HA, Nr. 100A (4.3.2.), Nr. 165. Selma Boese kam im Jahre 1909 als Erzieherin der Prinzen Wilhelm und Louis Ferdinand an den kronprinzlichen Hof. Nach der Geburt Alexandrines 1915 wurde Selma Boese ihre persönliche Pflegerin. Diese Aufgabe nahm sie bis zu ihrem Tode 1935 wahr.

[28] Wilhelm Karl Prinz von Preußen an den Verfasser vom 26. 3. 1996.

[29] Gelegentlich ist er von seiner Tochter Kira begleitet worden, die in der Nähe lebte. Mündliche Mitteilung vom 12. 6. 2003.

[30] GStAPK, I. HA, Nr. 100A (4.3.2.), Nr. 363. Wilhelm von Dommes an Kronprinzessin Cecilie vom 7. 12. 1937.

[31] Viktoria Luise, 1977, S. 168.

[32] Louis Ferdinand, 1989, S. 281; Gutsche 1991, S. 303ff.

[33] Jonas, 1962, S. 264f.

[34] Gutsche, 1991, S. 205f.

[35] Ilsemann, 1968, Bd. II, S. 319.

[36] Gutsche, 1991, S. 214

37 GStAPK, I. HA, Nr. 100A (4.3.2.), Nr. 363. Kronprinz Wilhelm an Kronprinzessin Cecilie vom 6. 6. 1941.

38 Ebenda. Kronprinz Wilhelm an Kronprinzessin Cecilie vom 20. 9. 1941.

39 Hier hatte seit 1918 die Generalverwaltung des vormals regierenden Preußischen Königshauses seinen Sitz.

40 Ebenda.

41 Außer der Hochzeit des Prinzen Hubertus am 4. 6. 1943 nahm die Kronprinzessin an den Tauffeierlichkeiten ihrer Enkelkinder Kira (August 1943), Anastasia (Ostern 1944) und Louis Ferdinand jr. (Oktober 1944) teil.

42 Maria Anna Freiin von Humboldt-Dachoeden, (1916-2003), heiratete auf Schloss Oels am 29. 12. 1941 den Prinzen Hubertus. Die Ehe wurde nach dreizehn Monaten, am 5. 1. 1943, wieder geschieden.

43 HdvrPK, Rep. 16A, Bericht des Prinzen Oskar, Juli 1945.

44 GStAPK, I. HA, Nr. 100A (4.3.2.), Nr. 323.

45 Cecilie, 1951, in: Neue Illustrierte vom 19. 12. 1951, Nr. 51, S. 11.

46 Sotier, 1989, S. 4.

47 Mit diesem Transport am 2. Februar 1945 konnten außerdem „13 Stück Gepäck" nach Bad Kissingen mitgenommen werden. Die Fahrt ist vom Haushofmeister Wieczoreck begleitet worden, der am 7. Februar nach Cecilienhof zurückkehrte. BPH, Rep. 54, LIII, Nr. 2.

48 Magdalene Prinzessin von Preußen an den Verfasser vom 1. 4. 1996.

49 Felicitas von Nostitz-Wallwitz an den Verfasser vom 22. 5. 1996.

1945 – 1954: Die letzten Lebensjahre

1 Sotier, 1989, S. 11.

2 BLHA, Pr.Br.Rep. 37, Nr. 709. Kronprinzessin Cecilie an Bodo von der Marwitz vom 1. 2. 1946.

3 „Kronprinzessin Cecilie spricht", in: Illustrierte Quick von Nr. 30, 1955 bis Nr. 17, 1956. „Jetzt kann ich alles sagen", in: Neue Illustrierte von Nr. 37, 1959 bis Nr. 22, 1960.

4 BLHA, Pr.Br.Rep. 37, Nr. 709. Kronprinzessin Cecilie an Bodo von der Marwitz vom 13. 1. 1949.

5 Viktoria Luise, 1977, S. 285.

6 Frankfurter Zeitung vom 27. 7. 1951.

7 Cecilie, 1952. Das Buch erschien noch einmal 2001 als Reprint im Verlag Koehler & Amelang.

8 Mündlicher Hinweis von Frau Felicitas von Nostitz-Wallwitz vom 28. 10. 1996.

9 Mitteilung des Einwohnermeldeamtes Stuttgart. Amt für öffentliche Ordnung Stuttgart.

10 Besuch des Hauses Frauenkopfstraße 12 am 19. 9. 2001. Herzlichen Dank an Fam. Dinkelacker, Stuttgart.

11 Bentzien, 1991, S. 66.

12 Henrik Gram, Kabinettssekretät I. M. Königin Margrethe II. von Dänemark an den Verfasser vom 12. 7. 1996.

13 HdvrPK, Oelser Heimatblatt, Nr. 22, Mai 1954.

14 Elisabeth Sotier an den Verfasser vom 23. 1. 1996.

15 Bloemer, 1954.

16 Sotier, 1989, S. 10.

17 Hamburger Abendblatt vom 5. 5., 6. 5. und 7. 5. 1954; Saale Zeitung vom 8. 5. 1954.

18 HdvrPK, Rep. 15. Order vom 6. 5. 1954.

19 HdvrPK, Rep. 15. Vom Tod der Kronprinzessin wurden folgende Monarchen in Kenntnis gesetzt: König Frederick IX. von Dänemark, König Gustav VI. Adolf von Schweden, König Paul I. von Griechenland, Königin Juliana der Niederlande, Ex-König Michael von Rumänien, Ex-König Umberto II. von Italien, Ex-Königin Viktoria Eugénie von Spanien, Erzherzog Otto von Habsburg. Die benachrichtigten Königshäuser hatten alle nach dem Tode des Kronprinzen 1951 Kondolenzschreiben an die Kronprinzessin entsandt. Dazu zählte auch die 1953 verstorbene britische Königinmutter Mary.

20 HdvrPK. Hohenzollersche Zeitung und Schwäbisches Tageblatt vom 13. 5. 1954.

21 Bloemer, 1954.

Archive

MLHA   **Mecklenburgisches Landeshauptarchiv Schwerin**
Akten des Hofmarschallamtes: Geburt der Herzogin Cecilie.
Großherzogliches Kabinett III: Verlobung.

GtSA PK   **Geheimes Staatsarchiv Preußischer Kulturbesitz**
Königliches Geheimes Zivilkabinett: Verlobung, Hochzeit, Wohnungen 1904 – 1907;
Brandenburg Preußisches Hausarchiv: Reise des Kronprinzenpaares nach Ostasien 1910/11; Pressenachrichten über die kaiserliche Familie 1911; Tagebuch der Kronprinzessin 1913/14; Briefwechsel Rudolf Presber an Kronprinz Wilhelm 1919; Versuche der Hohenzollern, die Heirat des Prinzen Wilhelm mit Dorothea von Salviati zu verhindern 1931 – 1933; Nachweis bürgerlicher Vorfahren der Kronprinzessin;
Generalverwaltung des vormals regierenden Preußischen Königshauses: Personalakte Selma Boese; Akte betr. Kronprinzessin Cecilie 1936 – 1944; Akte betr. Prinzessin Dorothea von Preußen 1942 – 1944; Jagden Mittelberg und Schröcken 1943 – 1945;
Preußische Gesetzessammlung 1918, 1926

HdvrPK   **Hausarchiv des vormals regierenden Preußischen Königshauses**
Hochzeit;
Rechte am Thronlehn Oels 1918 – 1923;
Auseinandersetzung mit dem Staat;
Korrespondenz Kronprinzessin Cecilie mit Philipp Heineken;
Bericht des Prinzen Oskar über seine Zeit als Hauschef, 1945;
Tod und Beisetzung der Kronprinzessin 1954

BLHA   **Brandenburgisches Landeshauptarchiv**
Zeitungsbestand: Potsdamer Tageszeitung 1905 – 1918;

Korrespondenz der Kronprinzessin Cecilie mit Bodo von der Marwitz 1935 –
1949

BAarch **Bundesarchiv**
Nachlass Louis Müldner von Mülnheim
1918 – 1945

FHS **Bibliothek der Fachhochschule Potsdam**
Zeitungsbestand: Illustrierte Wochenzeitung „Damals" 1915

Stadtarchiv Jena
Sonderschulen

Literaturverzeichnis

Andics, 1993
Andics, Hellmut: Die Frauen der Habsburger, München 1993

Ausst. Kat., 1991
Der letzte Kaiser Wilhelm II. im Exil, hrsg. v. Hans Wilderotter und Klaus-D. Pohl, Ausstellung, Berlin, Deutsches Historisches Museum, 1991

Ausst. Kat, 2002
Der Kaiser im Bild. Wilhelm II. und die Fotografie als PR-Instrument, hrsg. v. Saskia Asser und Liesbeth Ruitenberg, Amsterdam, Huis Marseille, 2002

Bentzien, 1991
Bentzien, Hans: Die Heimkehr der Preußenkönige, Berlin 1991

Bloemer, 1954
Bloemer, Klaus: Die letzten Tage der Kronprinzessin, in: Deutsche Illustrierte, Mai 1954

Buranow/Chrustaljow, 1994
Buranow, Juri und Chrustaljow, Wladimir: Die Zarenmörder. Vernichtung einer Dynastie, Berlin 1994

Cecilie, 1930
Cecilie, Kronprinzessin: Erinnerungen, Leipzig 1930

Cecilie, 1951
Cecilie, Kronprinzessin: Kaiser meiner Seele: in, Neue Illustrierte vom 19. 12. 1951, Nr. 51

Cecilie, 1952
Cecilie, Kronprinzessin: Erinnerungen an den Deutschen Kronprinzen, Biberach an der Riss 1952

Fellner, 1953
Fellner, Fritz (Hrsg.): Das politische Tagebuch Josef Redlichs, I. Bd, 1908 – 1914, Graz/Köln 1953

Gutsche, 1991
Gutsche, Willibald: Ein Kaiser im Exil. Der letzte deutsche Kaiser Wilhelm II. in Holland, Marburg 1991

Ilsemann 1967–1968
Ilsemann, Sigurd von: Der Kaiser in Holland. Aufzeichnungen des letzten Flügeladjutanten Kaiser Wilhelms II., hrsg. v. Harald von Koenigswald, Bd. I, Amerongen und Doorn 1918 – 1923; Bd. II, Monar-

chie und Nationalsozialismus 1924 – 1941, München 1968

Jonas, 1962
Jonas, Klaus W.: Der Kronprinz Wilhelm, Frankfurt am Main 1962

Keller, 1935
Keller, Mathilde Gräfin von: Vierzig Jahre im Dienst der Kaiserin. Ein Kulturbild aus den Jahren 1881 bis 1921, Leipzig 1935

Louis Ferdinand, 1989
Louis Ferdinand Prinz von Preußen: Im Strom der Geschichte, München 1989

Mecklenburg, 2003
Mecklenburg, Christian Ludwig Herzog zu: Mecklenburg-Schwerin. Portraits und Photographien aus dem Großherzoglichen Haus, hrsg. von Alexander von Solodkoff, Schwerin 2003

Radziwill, 1936
Radziwill, Fürstin Marie: Briefe vom deutschen Kaiserhof. 1889 – 1915, Berlin 1936

Schuster, 1932
Schuster, Georg (Hrsg.): Kronprinzessin Cecilie. In mehr als hundert Bilddokumenten, Berlin 1932

Schwarzmüller, 1995
Schwarzmüller, Theo: Zwischen Kaiser und „Führer". Generalfeldmarschall August von Mackensen, Frankfurt am Main 1995

Sotier, 1989
Sotier, Elisabeth: Warum kamen die Hohenzollern gerade nach Bad Kissingen? (unveröffentlichtes Manuskript), Bad Kissingen 1989

Steinmüller, o. J.
Steinmüller, Wilfried: Das Jagdschloss Gelbensande. Residenz der Mecklenburgischen Landesfürsten, Rostock o. J.

Stribrny, 1972
Stribrny, Wolfgang: Der Versuch einer Kandidatur des Kronprinzen Wilhelm bei der Reichspräsidentenwahl 1932, in: Geschichte in der Gegenwart. Festschrift für Kurt Kluen, Ernst Heinen und Hans Julius Schoeps, Paderborn 1972.

Stülpnagel, 1994
Stülpnagel, Friedrich von: Schloss Cecilienhof. Erinnerungen meines Vaters. Erinnerungen des Hofmarschalls und Kammerherrn der Kronprinzessin Cecilie (unveröffentlichtes Manuskript), Wolfratshausen 1994

Süchting-Hänger, 2002
Süchting-Hänger, Andrea: Das „Gewissen der Nation". Nationales Engagement und politisches Handeln konservativer Frauenorganisationen 1900 bis 1937, Düsseldorf 2002

Tschirschky, 1972
Tschirschky, Fritz Günther von: Erinnerungen eines Hochverräters, München 1972

Viktoria Luise, 1977
Viktoria Luise, Herzogin: Die Kronprinzessin, Göttingen 1977

Weinke, 2003
Weinke, Wilfried: Verdrängt, vertrieben, aber nicht vergessen. Die Fotografen Emil Bieber, Max Halberstadt, Erich Kastan, Kurt Schallenburg, Weingarten 2003

Bildnachweis

Wilfried Berg, Kassel: S. 102 oben, 104 unten, 105 oben; Bildarchiv Preußischer Kulturbesitz, Berlin: Umschlagcover, Frontispiz, S. 17, 30, 34, 36, 40, 41, 42, 50, 51 oben, 73 beide unten, 78; Bundesarchiv, Koblenz: S. 75, 95 unten, 101; Hausarchiv Burg Hohenzollern, Hechingen: S. 12, 19, 27 unten, 28, 35 unten, 37, 44, 45, 46 unten, 47 oben, 63 oben, 64, 67 oben, 68, 69 unten, 72, 77 unten, 79, 80, 84, 90, 98 unten, 99 oben, 104 oben, 106 oben, 107 unten, 108 oben, 110, 116, 119 oben, 129 unten, 133 rechts; Kira Johnson, Fort Worth/USA: S. 122, 128 oben; Jörg Kirschstein, Potsdam: S. 14, 29 oben, 31 oben, 33 unten, 46 oben, 47 rechts und unten, 49 oben, 51 unten, 52, 56, 59, 62, 63 unten, 65, 66 oben, 67 unten, 71, 73 oben, 74, 76, 77 oben, 100, 102 unten, 103 oben, 105 unten, 109, 119 unten, 126 unten, 131;

Mecklenburgisches Landeshauptarchiv, Schwerin: S. 27 beide oben; Hans Mück, Mössingen: S. 106 unten, 120 unten, 121, 124, 125 oben; Felicitas von Nostitz-Wallwitz, Wohltorf: S. 107 oben, 108 unten; Österreichische Nationalbibliothek, Wien: S. 49 unten, 103 unten; Seeger Press, Albstadt: S. 35 oben, 69 oben, 113, 125 unten, 126 oben, 127, 128 unten, 129 oben, 130, 132, 133 links, 135 links, 137, 138, 139, Umschlag Rückseite; Erhard Senf, Berlin: S. 31 unten, 32, 33 oben; Mathias Schott, Hamburg: S. 29 unten; Elisabeth Sotier, Bad Kissingen: S. 96, 120 oben, 123, 136; Stadtmuseum Düsseldorf, Düsseldorf: S. 38; Stichting Huis Doorn, Doorn: S 97; Stiftung Preußische Schlösser und Gärten Berlin-Brandenburg, Potsdam: S. 39; Ullstein Bilderdienst, Berlin: S. 48 links, 66 unten, 86, 95 oben, 98 oben, 99 unten, 135 rechts.

Verzeichnis der Fotografen

Die Liste berücksichtigt nur jene Fotografen, deren Provenienz anhand des Prägestempels oder der genauen Kennzeichnung des fotografischen Ateliers ermittelt werden konnten.

A. Beckmann, Heiligendamm: S. 47 (u.), 63 (u.)

Emil Bieber, Hamburg & Berlin: Frontispiz, S. 17, 27 (o. r.), 30, 34, 36, 40, 41, 42, 50, 51 (o.), 73 (3), 76 (l.), 77 (o.), 78

A. Binder, Berlin: S. 109 (u.)

Ursula Blau, Potsdam: S. 90, 104 (u.), 105 (o.), 106 (u.)

M. Dietrich, München: S. 33 (u.)

Atelier Elvira, München: S. 52 (r.)

Ferdinand Esch, Ludwigslust: S. 46 (u.), 63 (o.), 67 (u.)

Gottheil & Sohn, Danzig: S. 48 (o.)

Otto Groha, Schweinfurt: S. 121 (o. r.)

A. Grohs, Berlin: S. 62 (u.)

Fritz Heuschkel, Schwerin: S. 28 (u.)

C. Hünier, Berlin: S. 46 (o.)

Jonker & Zoon, Egmond aan Zee: S. 62 (o.)

Keidel-Daiker, Hechingen: S. 121 (o. l.), 124 (o.), 131

Kühlenwindt, Königsberg: S. 79 (o.)

Franz Langhammer, Kassel: S. 97

Rolf Mahrenholz, Berlin: S. 96

Werner Niederastroth, Potsdam: S. 65, 71, 76 (r.)

M. Radke, Potsdam: S. 107 (o.)

E. Reichelt, Breslau: S. 66 (o.)

Richard & Lindner, Berlin: S. 27 (o. l.)

Rudolph, Garmisch: S. 47 (o.)

Sammet, Bayreuth: S. 77 (u.), 104 (o.)

Ernst Sandau, Berlin: S. 48 (u.), 105 (u.)

Seeger-Press, Ebingen: S. 113, 125 (u.), 126 (2), 127, 128 (u.), 129 (o.), 130 (2), 132 (2), 133 (l.), 134, 135 (l.), 137 (u.), 139, Umschlag Rückseite

Selle & Kuntze, Mitinh.: Niederastroth, Potsdam: S. 43 (2)

Elisabeth Sotier, Bad Kissingen: S. 120 (o.), 123 (2), 136 (2)

Yva, Berlin: S. 59

Der Autor

Jörg Kirschstein, geboren 1969, studierte 1992–96 an der Fachhochschule Potsdam Archivwesen und arbeitet seit 1999 bei der Stiftung Preußische Schlösser und Gärten Berlin-Brandenburg. Als ausgewiesener Kenner des deutschen Kaiserhauses war Kirschstein verantwortlich für die Ausstellungen »Kronprinz Wilhelm im niederländischen Exil« (2001), »Cecilie – Deutschlands letzte Kronprinzessin« (2004) und »Aus Allerhöchster Schatulle – Kaiserliche Geschenke « (2008). Zahlreiche Veröffentlichungen zur Familiengeschichte des deutschen Kaiserhauses, zuletzt erschienen: »Kaiserkinder. Die Familie Wilhelms II. in Fotografien« (2011).

Danksagung

Dieses reich bebilderte Buch über die Kronprinzessin Cecilie wäre ohne die großzügige Hilfe, die mir bei meiner Arbeit an dieser Bildbiographie zuteil wurde, gewiss nicht zustandegekommen.

Mein ganz besonderer Dank gilt dem Chef des Hauses Hohenzollern, Seiner Königlichen Hoheit Georg Friedrich Prinz von Preußen. Er genehmigte in großzügiger Weise die Veröffentlichung zahlreicher Fotografien seiner Urgroßmutter aus den Beständen des privaten Familienarchivs auf der Burg Hohenzollern in Hechingen.

Für die unermüdliche Hilfe, die Textfassung für den Leser in eine adäquate Form zu bringen, bin ich Frau Michaela Blankart (Berlin) zu großem Dank verpflichtet. Sie war eine stete Fürsprecherin, das bereits seit langem geplante Buchprojekt nun endlich umzusetzen.

Danken möchte ich auch Herrn Markus Wicke (Potsdam) für sein Engagement, die Bildunterschriften kritisch zu lesen.

Frau Alix von Gwinner schulde ich ebenfalls herzlichen Dank für die informativen Gespräche über ihre Mutter, Cécile Gräfin Keyserlingk, die von 1912 bis 1918 als 1. Hofdame dem Hofstaat der Kronprinzessin angehörte.

Zahlreiche Privatpersonen und Institutionen stellten mir ihr Fotomaterial zur Verfügung.

Besonders möchte ich mich bedanken bei Herrn Hans Mück (Mössingen), der aus dem Besitz seines Schwiegervaters, des kronprinzlichen Kammerdieners Hermann Wölk, zahlreiche Aufnahmen zur Verfügung gestellt hat.

Mein Dank gilt gleichermaßen dem Sohn des kronprinzlichen Privatsekretärs Arthur Berg, Herrn Wilfried Berg (Kassel), der mir ebenfalls aus dem privaten Nachlass seines Vaters Fotomaterial zur Veröffentlichung überlassen hat.

Nicht zuletzt danke ich Frau Elisabeth Sotier (Bad Kissingen), die mir wertvolle Hinweise über die Wohnsituation der Kronprinzessin im Hause ihrer Eltern in den Nachkriegsjahren geben konnte und mir darüber hinaus bisher unveröffentlichte Fotos aus ihrer Privatsammlung zur Verfügung stellte.

Zwei Enkeltöchtern der Kronprinzessin möchte ich ganz besonders danken. Frau Felicitas von Nostitz-Wallwitz (Wohltorf), gestattete mir, Aufnahmen von der Beisetzung ihres Vaters, des Prinzen Wilhelm, zu veröffentlichen.

Mrs. Kira Johnson (Forth Worth/ USA) überließ mir aus dem Nachlass ihrer Mutter, der Prinzessin Cecilie, wertvolle Aufnahmen, die nun erstmals veröffentlicht werden können.

Ohne die Aufnahmen des Fotografen Erwin Seeger wären die letzten Lebensjahre der Kronprinzessin nicht so professionell im Bild festgehalten worden. Seinen Söhnen Frank und Bernd Seeger, Inhabern der Fotoagentur Seeger Press (Ebingen), bin ich ebenfalls zu großem Dank verpflichtet.

Gedankt sei darüber hinaus für ihren stetigen Zuspruch bei der Arbeit an diesem Projekt Herrn Ulrich Feldhahn (Berlin), Herrn Michael Solf (Berlin), Frau Jana Kuste (Potsdam), Herrn Norbert Ludwig (Bildarchiv Preußischer Kulturbesitz, Berlin), Frau Lisbeth Ruitenberg und Herrn Dr. Dick Verroen (beide Stichting Huis Doorn), Herrn Mathias Schott (Hamburg) und Herrn Erhard Senf (Berlin).

Thyra (1919-1981)

Anastasia (1922-1979)
verh. 1943
Friedrich Ferdinand (1913-1989)
Prinz von Schleswig-
Holstein-Sonderburg-
Glücksburg

Felicitas
(1934-2009)

Christa (*1936)

Frie

Wilhelm (1906-1940)
verh. 1933
Dorothea von Salviati (1907-1972)

Chef o

Frederik IX. (1899-1972)
König von Dänemark
reg. 1947-1972
verh. 1935
Ingrid (1910-2000)
Prinzessin von Schweden

Knud (1900-1976)
verh. 1933
Caroline Mathilde (1912-1995)
Prinzessin von Dänemark

Friedrich Franz (1910-2001)
verh. 1941
Karin von Schaper
(1920-2012)

Christian Ludwig (1912-1996)
Chef des Hauses Mecklenburg
von 1945-1996
verh. 1954
Barbara
Prinzessin von Preußen
(1920-1994)

Alexandrine (1879-1952)
Herzogin zu Mecklenburg
verh. 1879 Christian X. (1870-1947)
König von Dänemark,
reg. 1912-1947

Friedrich Franz IV. (1882-1945)
Großherzog von Mecklenburg-Schwerin, reg. 1901-1918,
verh. 1904 Alexandra (1882-1963)
Prinzessin von Hannover,
Herzogin von Braunschweig und Lüneburg

Cecilie (1886-1954)
Herzogin zu Mecklenburg

Wilhelm (1882-1951)
Kronprinz des Deutschen Reiches
und von Preußen

verheiratet
am 06. 06.1905

Friedrich Franz III. (1851-1897)
Großherzog von Mecklenburg-Schwerin, reg. 1883-1897,
verh. 1879 Anastasia Michailowna (1860-1922)
Großfürstin von Rußland